AF124917

Eine Spur von mir

mit
meinen Gefühlen
deine Seele
entdecken
das
wäre
schön

Lisi Schuur, in Westfalen geboren, lebt in Ratingen. Statt Studium entschied sie sich für ihren Mann, und war Geschäftsführerin im eigenen Betrieb. Seit dem Ruhestand hat sie wieder Zeit für sich und schreibt Gedichte. Angefangen hatte sie damit in der Untertertia, sie weiß es noch genau, denn der Auslöser war damals der erste Liebeskummer. Das Lesen, der Besuch unzähliger Theaterstücke, und ein sehr netter Klavierlehrer, halfen ihr, sich ihrer Gefühle bewusst zu werden, und keine Scheu zu haben, sie auch auszudrücken.

Lisi Schuur

EigenBlick

Gedichte

© 2015 Lisi Schuur
Herstellung und Verlag:
BoD - Books on Demand, Norderstedt
ISBN 978-3-7347-9691-3

du sollst nicht ...
aber du musst, wenn du willst!

Hab mir heut Nacht
eine Höhle gebaut
den Lehm mit
meinen Tränen
befeuchtet
in einer moosigen Ecke
weit hinten
da hat ein
Licht der Hoffnung
geleuchtet
ich habe ein Netz
vor den Eingang
gehängt
und darin
haben sich Träume
verfangen
und ehe ich anfing
in ihnen zu bangen
ist einer durch
das Licht
gekommen
und hat mich in seine
Arme genommen
und
das
warst
Du

Hättest du mir
erzählt
was dich
wirklich bewegt
vielleicht wären wir beide
uns selbst entkommen
doch
nun?

Du hast die Nacht mir schön gemacht,
der Morgen zeigt deine Spuren.
Die Uhr, schon weit nach Mitternacht,
hat ihr Pendel verloren.

Du hast mich in meinen Schlaf begleitet,
lagst neben mir auf dem Kissen.
Hab noch in der Früh deinen Atem gespürt,
als hauchte Begehren sich aus.

So anders ist mir der Tag geworden,
die Bäume geben Konzerte,
der Wind spielt sanft in zarten Blumen,
ganz sachte vibriert mir mein Herz.

Fundstück

Etwas fiel mir vor die Füße.
Lag vor mir so einfach da.
Hab es lange dann betrachtet.
Irgendwie war es mir nah.

War so etwas Wunderbares.
Hab es nie zuvor geseh'n.
Sollt' ich einfach es behalten?
Doch was würde dann gescheh'n?

Habe mich daran gerieben.
Herrlich fühlte es sich an.
Eingeatmet und gerochen,
und es hat so gut getan.

Ein Gesicht konnt' ich erkennen.
Sehr gefallen hat es mir.
Habe dann ganz schnell beschlossen.
Du, du bleibst ab jetzt bei mir.

Du bist mir einfach ins Herz gefallen,
was mach ich nun bloß

hätte ich dich doch früher
gekannt
denke ich
aber
du warst doch erst später
so
    und
ich

wie der Baum
der
mit sich machen lässt
und hinfällt
weil du es willst

ich bin dir nahe
reicht nicht aus
ich bin in dir
das zählt

erkennen musst du mich nicht
wozu
soll das gut sein
dein Erkennen
bin
nicht
ich

DU

ein Traum
der wahr
wird
und alle
anderen
Träume
ad absurdum
führt

DU

mit
meinen Gefühlen
deine Seele entdeckt
und
dann
Ja
Gesagt

Bleib,
wenn du
weißt,
was
bleiben
bedeutet.

Spuren von dir
hab ich aufgesammelt
und hab versucht
sie zusammenzufügen
ich dachte
es sei mir
ein großes Vergnügen
doch finde ich
Anfang und Ende
nicht

Wenn
ich weiter bin
schon
nach dem Tod
werd ich dich
ganz
verstehen können
vielleicht
auch
noch
mehr
lieben?

Meine Träume
lassen dich
manchmal
wachsen
oder
unterschlagen
dich

so lang
schon
vorbei

doch
alles
was kommt
ist
immer
danach

Du kommst nie mehr zurück
und doch
berührst du
meine Seele
immer
fühl ich
deiner
Hände
zartes
Streicheln
der Wind
hat deine
Asche
längst
verweht

die Spuren
hat er
dir nicht
nehmen
können

Traurig

ein Vogel ohne Flügel
ein gefällter Baum
ein verseuchtes Meer
ich ohne dich

Bin so traurig,
habe Angst,
nichts ist wie es war.

Das schreib ich nur in der Nacht.
Dunkelheit macht klar.

Habe in mir nachgeschaut,
auch in meinem Herzen.
Habe es noch nicht verdaut,
muss noch weiter schmerzen.

Bitte, mach das Licht mir an,
dass ich heller weine,
und ich bald im Sonnenschein
stehen kann alleine.

Bin so traurig,
habe Angst,
nichts ist wie es war.

Hab es ganz laut
ausgesprochen
heut, als Morgen war.

Sag mir doch im Abendrot
alles, was noch wichtig ist.
Was das Leben uns so bot,
haben wir gelebt.
Bleib doch bis zum Morgenrot.
Ich versuch auch wach zu bleiben,
du machst mir den Kopf so schwer,
räum ihn ständig um.
Immer wenn ich dich gefangen,
brichst du wieder aus.
Such dich dann in allen Ecken,
kenn mich oft nicht aus.
Aber noch ist Abendrot,
und ich seh das Licht,
sag mir nur was wichtig ist,
alles andre nicht.

Leg dich
in meine Hand
streicheln
werd ich dich dann
mit der andern Hand
deck ich dich zu

Heut liebe ich dich anders
als vor Jahren
in deinen Augen
spiegelt sich
nicht mehr
der Ozean
nur mich
seh ich darin

Bis bald

Du kannst nicht wiederkommen
dein
auf Wiedersehen
spult sich
in meinem Kopf
immer wieder ab
pausenlos
auf
Wiedersehen
ich muss es gelingen lassen
ich
werde
zu
dir
kommen
dann
sehen
wir
uns
wieder

Mach's gut
hast
du
zum
Schluss
gerufen

So einer

Einer wie du
dreht Rosenblüten aus
Zeitungspapier
einer wie du
weint, wenn es sein muss,
gemeinsam mit mir

Einer wie du kann keine Berge verrücken
einer wie du
stöhnt manchmal beim Bücken

Einer wie du
leiht mir sein Ohr
einer wie du
holt mein Lachen hervor

Einer wie du
streut im Winter
Sonnenblumenkerne
einen wie dich
den hab ich gerne

Verzweifelt, doch …

Und stell heut Nacht uns nicht in Frage,
vor allem frage nicht warum,
wenn wir uns in die Augen sehen,
sind Sterne nur um uns herum.

Vergiss in unsern Liebesstunden
die Sorgen, die im Kopf dir sind,
ich will dich ohne Ende küssen,
und hoff, dass ich uns wiederfind.

So lass die Nacht Gefühle wecken,
an die wir lang nicht mehr geglaubt.
Lass unsre Körper sich vereinen,
auch wenn wir des Verstands beraubt.

Heute mal anders

Davon geh ich aus
sagst du
und lachst nonchalant
wie immer

Ich seh dir nach
wie immer
und hör das Türschlagen
schon jetzt

Davon kannst du ausgehen
sag ich
packe meinen Koffer
und schließe ab

Mehr von dir

Ich möchte mehr von dir
und du
und dich
mag ich so sehr
wenn du noch zauderst
wie du mir begegnen sollst
weil ich mir selber
grad nicht ganz geheuer bin

es liegt ein grüner Fleck
am Wegesrand
da sitze ich mit dir
wenn ich dir
wohlgefällig bin
und beide zupfen wir
an unsern Eigenschaften
ein wenig ziehen wir
uns gegenseitig an

hab mich ein Stückchen weiter
hingesetzt
die Wohlgefälligkeit
hat Überhand genommen
der grüne Fleck
ist plattgesessen
ich möchte mehr von dir
als nur dein Lachen

Nur wir beide
kennen
unsere
Gemeinsamkeit
aufgeschrieben
im Buch mit den vielen
Eselsohren
hab sie gesucht
nach der langen Zeit
da
liegt sie
abgerutscht
zwischen den Zeilen
dort lässt sie
leere Stellen
leicht
befleckt
aussehen
du
ich werde uns zurecht rücken
dann
können
wir
die
Leere
verlassen

Nur weil ich sehen wollte
ob das Meer noch ist wie früher
ob es extreme Gefühle noch kennt
oder sie verlernt hat
wie ich
nur deshalb
musste ich dich rufen
du
weißt du noch
damals

Und doch

Es ist doch immer nur,
dass ich dein Bild nicht richtig sehe,
ob ich mich seitlich stelle oder ganz frontal.

Es ist doch immer so,
dass ich nicht ganz verstehe,
und wie das Licht einfällt, seh ich nicht jedesmal.

Und doch war es noch niemals so,
dass du mir völlig fremd geblieben bist.
Vor allem deine Art hat es mir angetan.

Und doch bist du mir unerkannt geblieben.
Ich habe mich sooft an dir gerieben,
und heute sehe ich dich ganz verkehrt.

Liebe

Es ist so lang schon her.
Der Winter konnte seine Rolle spielen,
uns hat die Kälte nicht gestört,
wir haben uns so sehr begehrt.

Im Schnee da lagen unsre Spuren,
bestreut mit weißem Puderzucker, neu
eingestellte Liebesuhren
machten die Nacht zum Tag.

Wir haben täglich uns probiert,
mit Glitzersternen dekoriert,
du hast das Blau im Frost gesehn,
und unsre Welt war wunderschön.

Und wenn der Schnee begann zu regnen,
haben wir Pfützen übersprungen,
und unter einem Scheunendach
uns schöne Lieder vorgesungen.

Es ist schon viele Jahre her.
Das Alter hat uns eingeholt.
Und wenn ich sehe dein Gesicht,
weiß ich, dass es noch immer lohnt,

die Uhren ganz neu einzustellen,
zu suchen, ob es Spuren gibt,
von diesem: ich bin so verliebt,
zu einer großen Liebe.

Zwiespalt

Was bist du für eine Herausforderung.
Weil du das Messer hältst,
schnürt sich die Kehle zu,
auch ohne den scharfen Schnitt
zerreißt es mich.

Ich habe Angst,
ich muss mich schützen,
mein Herz macht, was es will.
Ich muss es in den Käfig setzen,
es tut mir sonst weh.

Der Käfig ist aus Gold,
und seine Stäbe können sich nicht biegen.
Warum nur
riecht es nach gebogenen Weidenruten,
damit peitscht man doch.

Und an der Türe hängt ein Schloss,
und darauf steht
das Wörtchen 'frei '
ganz klein und etwas unleserlich.
Ich werd es größer ritzen.

Du, ich fordere dich auf,
hol dich aus mir heraus,
wir werden uns eines Besseren belehren.
Doch lass uns zunächst
unsere Freiheit suchen.

Komm

wir graben Erinnerungen aus.
Wir hängen unser Herz in den Wind
und fallen durch Wolken
in das Netz.
Unsere Liebe
hatte es erst rosa gefärbt,
danach
küssten
wir es rot.
Es hält uns
immer
noch
aus.

Sag mir doch
was bedeutet ein Jahr
ich finde den Kalender nicht mehr
und die Zeiger der Uhren
habe ich abgerissen
seit du gegangen bist
spielt die Zeit keine Rolle mehr
auch mein Herz
findet seinen Kalender nicht
es weiß nicht mehr
wie es den Frühling
schlagen soll.

Walzer

Ich habe meinen Herzschlag
gehört
heute Morgen
als ich ganz leise war mit mir
hat etwas laut
gehämmert
es war nicht das Schlagzeug
es war
mein eigener Takt
ich hab mich verbeugt
und den Tanz
begonnen
die Linksdrehung
ließ mich schwindeln
zum Glück
warst du da

Anziehungskraft

Dein Bild hielt sich nicht an der Pinnwand,
der Magnet versagte und ließ dich fallen.

Hab dich mit der Nadel fixieren müssen
an der alten Wand aus Kork.

Dass der Magnet versagt bei dir ...

Ist er so schwach, oder bist du so stark?

Der Schwache kann den Starken nicht halten ...
Der Starke hält den Schwachen nicht aus ...

Damals waren wir auch wie Magnete,
bis unsere Anziehungskraft nachließ.

Wer von uns war der Starke?

Nehm wieder dich von meiner Wand,
und seh die Nadelstiche.
Gleich hänge ich dich wieder auf,
vielleicht treff ich die Mitte.

Dann nehme ich das Bild von mir,
und häng mich neben dich,
und trete einen Schritt zurück
und überprüfe mich.

Die Bilder sind nicht deckungsgleich,
die Seiten sehr verschoben.
Die Gegenpole sind verrutscht,
Anziehung aufgehoben.

Die Korkwand passt so gut zu uns,
sie hilft uns einzudämmen.
Sie isoliert uns richtig gut,
nichts kann uns mehr verbrennen.

Augenblick

In dem Moment, wo dein Gesicht
den Ausdruck wechselt,
und deine Wollust immer lauter wird,
gefällst du mir am allerbesten,
weil du dann zeigst,
dass du dich nicht genierst,
vor mir und dir.
Komm sieh mich an,
auch ich zeig dann,
dass ich die Augen nicht verschließe.
Wir nehmen uns in dem Moment
und kommen beide in uns an.

So ...

Noch einmal möcht ich
dich wiedersehn,
bevor wir getrennte
Wege gehn.
Wir sind doch erwachsen,
und wissen wie´s geht.
Und komm bitte bloß nicht
schon wieder zu spät.
Ich hab es dir tausendmal
geschworen,
so geht es nicht weiter,
sonst hast du verloren.
Mit jedem der Schwüre
wurde es wahrer,
Die Liebe verschwunden,
ich sah immer klarer.
Nur einmal noch nehm
ich dich in Kauf,
und stell dich dann neben
die anderen auf.
Und wenn es gleich schellt,
geh ich cool zur Tür.
Ich öffne dir lässig,
was ist los mit mir.
Es ist gar nichts los,
was soll denn schon sein.
Und dann lass ich achsel-
zuckend dich ein.
Und die Sehnsucht küsst mich
wie niemals zuvor.

Sieht mich an mit dem Blick,
der den Himmel verspricht.
Meine Haut kräuselt sich,
auch das Prickeln so weich,
wie Sekt feinster Sorte,
Champagnergleich.
Einen kurzen Moment
stellt ein Zögern sich ein.
Jetzt nur nicht dran denken,
gleich bin ich allein.
Und außerdem haben
wir's beide gewollt.
Der Liebe genügend
Tribut gezollt.
Ab jetzt muss Schluss sein,
wir sind doch erwachsen.
Was soll das, wir machen
doch nun keine Faxen.
Bis hierher geht jetzt
dies Gedicht.
Wie es ausgeht, wissen
wir beide noch nicht ...

Erinnerung

Ab jetzt bist du Erinnerung für mich.
Ich hab dich im Gepäck und ich
nehm schwerbepackt den Weg
zurück nach Norden.

Und die Sonne werd ich nicht bemühen.
Irgendwann hab ich uns auch verziehen.
Und die Lust auf Sommer hat noch Zeit.

Doch diese eine Nacht,
sie zieht sich länger als geplant,
und wenn und aber wechseln
immer noch die Seiten.
Wozu denn nur,
das Glück hat sich beizeiten
auf den Weg gemacht,
nur um mit mir zu streiten,
ob das Schicksal auch nach
dieser Nacht noch gnädig lacht.

Ab jetzt bist du Erinnerung für mich.
Kamelien wuchsen unter unserm Fenster,
und dufteten die Liebe wunderbar.
Der Feigenbaum ließ seine Früchte reifen,
mit ihnen deckten wir unsern Altar.
Wir pflückten unsre Liebe ab,
und banden einen Blumenstrauß.
Wir haben weiter nicht gedacht,
nun lecken wir das Salz heraus,

aus unsern Wunden die entstanden,
weil wir die Sommersonne fanden.
Von Winter redeten wir nicht.

Ab jetzt bist du Erinnerung,
ich ziehe wieder in den Norden.
Und irgendwann weiß ich dann auch,
ob du mir einmal liebgeworden.

Bevor es zu spät ist

Da bist du ja, so weich und warm
und nimmst mich wieder in den Arm.
Und deckst mir eine kurze Zeit
den Angstberg zu,
der sich so oft und ungefragt
in meine Seele legt.

Nun bist du endlich wieder hier,
ganz nah bei mir,
und ich sag dir,
was ich dir immer sagen wollte.
Ich danke dir für das was war,
und finde dich so wunderbar.

Ich liebe dich auch heute noch
wie früher und du weißt es,doch
drängt es mich dir noch einmal
ganz laut zu sagen, es befahl
mir deine und auch meine Zeit.
Ich weiß es nicht, wer übrig bleibt.

Ich streife mir die Sehnsucht ab
und stelle mir doch immer vor
du hebst sie auf und bringst sie mir
mit deinem Lächeln, das den Frühling weckt,
den Sommer näher bringt.

Trilogie

Dein Duft ist schon da
und dein Schatten
hüllt mich ein in
Seligkeit und Begehren
und Begierde steht
am Schattenrand
und wird stärker
wenn du kommst

Warum ist keine Frage
sagst du
und ich frage dich
ohne
warum
antworte
ich
anders

Leb einfach weiter
ich
geh
und
nehme
dich
mit

Ich hab dich
fremd geliebt
noch nie dich
nah gesehen
und immer hat es gefroren in dir
und mir
hat die Hitze noch nachgeglüht
nur eine Zeitlang
tropfte ein Ahnen
wollte mich narren
eine Zigarette lang
dann fiel
die Glut
in
die
Gosse

Dein Bild

Nach und nach gelingst du mir besser.
In der Früh frisier ich dich,
und stell mir dein Bild neben die
Flasche Wasser,
die bis zum Abend
leergetrunken sein muss.
Und dann steht vor deinem Bild
die Flasche Wein,
und jeder Schluck aus ihr
macht dich schöner.
Die Flasche ist aus gefärbtem Glas.
Wenn ich den Kopf auf den Tisch lege,
seh ich dein Bild durch die Flasche.
Du trägst dann ganz andere Farben.

Immer noch

Du, berührst mich doch so tief.
Ich war es, die dich damals rief,
und du kamst mir entgegen.

Du, lass deine Arme weit.
Ich schmieg mich ein, so breit
ist deine Brust mir Lehne.

Du, bist alles was ich will.
Ich werde bei dir still.
Ich brauche dich so sehr.

Etwas sehnt sich

Ich werfe dich als Schatten an die Wand
und ziehe deine Kanten auseinander,
so wird dein Bild mir voller.

Ich nehme mir den Rötelstift
und ziehe die Konturen nach.
So bleibst du mir erhalten, auch
wenn dein Schatten fort ist.

Du wirst auf Dauer nicht mein Schatten sein.
Ich hab das Schwarze aus dem Bild genommen.
Umrisse weisen auf dich hin,
das Weiß ist wieder durchgekommen.

Ich hab mir meine Haare neu gefärbt,
dafür hab ich dein Bild verblasst.
Mit roter Farbe von der großen Liebe
hab ich mir neue Strähnen angepasst.

Dann stell ich mich vor deinen Umriss
und mache meine Arme weit.
Ich habe in der Hand den Schwamm,
verwische unsre alte Zeit.

An meinen Wimpern hängen Tränen,
verstohlen wische ich sie fort.
Als wäre immer noch ein Sehnen,
in mir, nach dir, du warst mein Hort ...

Gemeinsam weit

Du, so weit fort,
in meinem Kopf,
du,
wenn du wiederkommst,
gehen wir gemeinsam
weiter als jemals zuvor.
Nach all der Zeit
ist meine Haut noch weich
trotz der Narben.
Unsere Schatten berühren
sich schon
ehe
unsere Hände
sich finden
auf dem Weg
zu den Rippenbögen.
Darunter
nisten
Träume.
Sie
wohnen
in
Herzenskammern.
Du,
nur mit dir,
und ganz weit.

Hast du
es also
fertiggebracht
mich
zu interessieren
für dich.

Ganz ohne Nacht
schiebt
sich
dein Bild
vor meine Augen.

Noch
ist es immer
das eine.
Die anderen
malst du
mir später.
Vielleicht
heute
Nacht?

Geliebter

Streich mir die Locke aus der Stirn.
Gedanken fiebern mich
und Liebesschwüre kleben
uns die nimmersatten Lippen
mit Honigmonden zu.
Ich küsse dir Begierden
auf die Haut.
Du schimmerst mir so schön.
Mit meinen Fingern ziehe ich dir
Spuren in den Glanz
und alle
führen hin
zu einer Stelle.
Ich seh dir an,
dass du mich liebst,
und
seh dich
an
dabei.

Begreifen

Ich greif dich auf, wie einen
Faden im Gespräch.
Du sollst mir nicht abhanden
kommen.
Besehe dich und pflück den
Inhalt raus,
ich hab dich aus dir
weggenommen.

Ich greife dich erst an, wenn du
mir überdrüssig wirst.
Werf dann dein Innenleben an die Wand,
wie einen Film, dann spule ich dich ab,
ganz in HD, du liegst in meiner Hand.

Entpixel dein Gesicht,
synchronisiere deinen Ton,
ich werde dafür eine soundbar borgen.
Ich seh dich in HD, du bist ganz aufgelöst,
und doch, begreifen werd ich dich erst morgen.

Schick mir den Mond
ich möchte Liebeslieder
schreiben
verdreh mir die Welt
ich leg mich dir zu Füssen
halt die Raumkapsel an
steig mit ein und wir treiben
wir umkreisen unsern Stern
versuchen ihn zu küssen
schick dir meine Träume
und du malst sie aus
komm doch am besten
gleich zu mir nach Haus.

Ich bin verliebt

doch lieben
werd ich dich
im nächsten Frühling
wenn Bäume
Blütenblätter
streuen
geh ich
mit dir
durch
weiße Träume
tausendfach beschworener
Versprechen.
Ich liebe dich
noch kleingeschrieben,
weil
ich erst
goldne Brücken baue
und eine Achterbahn
mit Ewigkeitsringen
jauchzt sie uns
ins Glück
bestimmt
liebe ich dich
später
mit
Frühlingsgefühlen
schreibt
sich
die Liebe
größer.

Liebe?

Ganz nah bist du gekommen.
Ich spüre deine Nähe.
Die Luft mir weggenommen
hast du nicht.

Die Sehnsucht ruft jetzt leiser
und stillt mir den Moment.
Doch machte sie mich weiser
bisher nicht.

Ich atme dich in vollen Zügen.
Die Worte stecken mir im Hals.
Ich stammle keine Liebeslügen.
Und schmecke manchmal Tränensalz.

Bin unschlüssig wie ehedem,
und stell mir Liebe vor.
Und weiß nicht, wie sie wirklich ist.
Ich bin und bleib ein Tor.

Ohne dich

Bin ohne dich durchs Tränental geschritten.
Hab nie zuvor die Trauer so gespürt.
Denn bisher warst du immer mir so mitten
ins Herz gebettet, das nun irrt.

Die Faust packt mich, aus Eisen ihre Klammer,
zwängt mir mein wehes Herz in einen Ball,
drischt ihn, und ich fühl einen Hammer,
der Beulen schlägt und Dellen überall.

Hab lange in dem fensterlosen Raum
gehadert, erst mit dir, und dann mit mir.
Ich hab gebetet und geschworen, kaum
warst du fort, warst du schon wieder hier.

Oh Tränensalz, beginn das Eisen zu zersetzen.
Und nimm der Faust die Klammerkraft.
Dann muss mein Herz sich bald
nicht mehr zerfetzen,
kann rüsten sich für neue Wanderschaft.

Kommst du?

Komm besser morgen erst,
denn heute ist mein Himmel
ohne Geigen.
Und der Mond heut Nacht war
auch so seelenlos
und warf nur Schatten in mein Zimmer.
Komm besser morgen erst, du,

bleibst du denn dann auch für immer?

Dann räum ich uns die Schatten fort,
sie würden uns nur stören.
Wir brauchen dann doch nur noch uns
und werden uns betören.

Und bitte mach dir keine Sorgen,
wir frischen alles auf.
Ich überziehe unsre Betten
streu Rosenblätter drauf.

Ich werde rote Rosen kaufen,
und werde ihre Blätter zupfen,
und riechen werd ich ihren Duft,
und dann werd ich noch Gräser rupfen.

Die lege ich dir in den Arm.
Du magst es doch so
unverblümt.
Ich sehe dir dann ins Gesicht.

Du hast dich stets damit
gerühmt,
dass du den Kitsch sofort
erkennst,
vor allem, was du kitschig
nennst.

Du trägst das Grün in deinem Arm,
darüber lacht dein schöner Mund.
Ich schmieg mich dann ins Grün hinein,
das macht die ganze Sache
rund. Komm besser heute schon –
der Himmel fängt an
seine Geigen zu stimmen ....

Auf dich

Ich trinke dich in einem Zug,
und schaufel dich wie Sonne ein.
Ich atme dich durch meinen Bauch
stossweise in mein Herz hinein.

Ich baue dir die Liebesbrücken.
Ich küsse dich minutenlang.
Ich lasse dich total verzücken,
und bringe dich um den Verstand,

der mir schon offensichtlich fehlt.
Sonst käme es nicht zu den Versen,
die oben ich geschrieben hab.
Du sagst es seien Kontroversen.

Ich überhör die Kommentare.
Muss das Gedicht zu Ende bringen.
Und wenn ich fertig bin damit,
werd ich das Loblied auch noch singen.

Na bitte

Was du für mich bist?
Das kann ich dir sagen.
Manchmal, da schlägst du mir
schlicht auf den Magen.
Ein andermal bist du
ein Knuddelbär.
Da gäb ich am liebsten dich
gar nicht mehr her.
Sei froh, dass ich keine
Rakete besitze,
die käme zum Zuge, wenn ich
wieder schwitze
vor Wut über dich.
Und ich würd dich draufsetzen
zum Mond dich schießen.
Würd schadenfroh dann
die Fenster schließen.
Dann könntest du nämlich
gar nicht mehr sehn,
was ich hier so mache, das wär
auch mal schön.
Doch meistens vermisse ich
keine Rakete,
denn keiner klebt so gut die
Tapete
wie du. Darum frage mich bitte
nicht mehr,
was du für mich bist. Ich geb
dich niemals her.

Jugendliebe

Du erinnerst mich an
Jugendträume mit viel
Liebesperlen,
an Briefpapier mit Rasierwasser
besprüht,
und Zigarettenlöcher, kunstvoll
eingebrannt unter deine
Grußzeilen
... ich sitze stundenlang und
schreibe dir, und rauche eine
Zigarette nach der andern ...
Gitanes pas Gauloises ...
Ma chère Mademoiselle ....

Und dann, ganz langsam, war nichts mehr.
Der letzte Brief bestand aus Fragezeichen.
Hab ihn gefunden und versucht,
den vielen Fragen nicht mehr auszuweichen.

Auch jetzt nach all den vielen Jahren,
hab ich noch immer keine Antwort.
Ich leg den Brief zurück und weiß,
ich heb dich auf und werf dich nicht fort.

Herz aus dem Takt

Mein aufgewühltes Herz weiß
nicht mehr, wie es schlagen soll.
Und jener Rhythmus, so
vertraut, ist nicht mehr da.
Die Kammern voller
Widerhaken, daran hängen
Tränen,
gefüllt mit tausenden
von Sorgen sind sie dem Platzen
nah.

Ich werde an den Tränen
nippen,
ihr Salz schmeckt mir
Gedanken ab.
Ich zieh sie von den
Widerhaken,
und häng sie mir an meine
Lippen.

Und Augenblicke nehmen neue
Tränen auf.
Ich ziehe mir die Widerhaken
mit Schmerzen aus dem
Herzen raus.
Ich lege sie auf weiße Laken.

Mit ihnen stell ich neue
Weichen.
Sie dürfen Rechnungen
begleichen,
danach gekrümmt am Boden
liegen.
Ich muss sie nicht mal mehr
besiegen.
Ich streife meine Tränen von
den Lippen.
Sie platzen alle auf dem Boden
auf.
Mein Herz pocht ruhiger unter
den Rippen,
und füllt für's erste sich mit
Freudentränen auf.

Eine Umarmung lang
waren wir uns ganz nah
deine Augen
diese blaugrüne Farbe
versuche ich mir zu mischen
seit Tagen schon
durchsuche ich mich
nach dieser Farbe
mit vielen Sprenkeln
die mich verwirren wollen
so ohne Symmetrie
bekomme ich sie
nicht mehr hin
sie
verschwimmen
meine Augen
brauchen doch
den klaren Blick
dich
zu
sehen

Du
ich
biete dir
einen Platz
in
meinem Herzen
an.
Dort
kannst du
wohnen
vorübergehend
vielleicht
für
immer
werde
dich nicht
einsperren
doch
freilassen
nur,
wenn
mein Herz
nicht mehr
schlägt.

Schöngeredet

Hab aus deinen Worten die
Liebe vernommen,
deine Hände waren Zärtlichkeit
pur.
Von deinen Augen ganz zu
schweigen,
Sehnsucht nach mir las ich nur.

Doch gestern hab ich meinen
Irrtum bemerkt,
du redest jetzt anders mit mir.
Meine Wünsche hab ich dir
weggenommen,
sie wohnen jetzt wieder in mir.

Ein Brief

Ich halt den Brief in meiner Hand,
Gedanken spielen fangen.
Es schiebt herein sich eine Wand,
stellt sich vor das Verlangen

ihn gleich zu öffnen, ich halt ein,
bin unschlüssig geworden.
Leg ihn mit Schrift nach oben hin,
die Marke zeigt nach Norden.

Es stimmt, am Nordpol ist es kalt.
Wie komm ich jetzt darauf.
Ich glaub, ich werde langsam alt,
setz Kaffeewasser auf.

Es bringt nicht viel, die Zögerei,
nehm mir den Brief zur Hand.
Ich öffne nicht, ich reiß ihn auf,
verschiebe mir die Wand.

Ich möchte dir, so fängt er an,
und endet mit farewell.
Ich überhör minutenlang
den Hund und sein Gebell.

Ich weiß nicht, ob der Abschiedsbrief
erhalten werden sollte.
Leg ihn mit Schrift nach unten auf
den Stapel ' Ungewollte '.

Du sagst:

Sieh es mal aus meiner Sicht.

Wir sehen uns an

Meine Augen sehen dich
und was sie sehen
bist nicht du
bin ich

Deine Augen sehen mich
und was sie sehen
bin nicht ich
bist du

Erzähl mir was du siehst.
Ich möchte mir mein Bild
machen.

Ich seh mich dann mit anderen
Augen.
Und dich auch.

Du
hast mich
das
Unaussprechliche
sagen
lassen
und
hast
meine
Liebe
mit
Untreue
vergolten
und
deinetwegen
hab
ich
den Sommer
verpasst.

Das Feigenblatt
entfernt
und
bereit
zuzustechen
sitze ich
mit
dem Dolch
in der Hand
und
suche

verzweifelt
die
unverwundbare
Stelle.

Du,
der meine Liebe
hat übertreiben lassen,
bist gegangen.
Und ich
habe den
Balsam gesucht
um dich
zu mumifizieren.
Und nun
bist du
einfach
zurückgekehrt.

Wie kann ich den
Trocknungsvorgang
unterbrechen?
Muss ich
mich entbluten
für deine
Wiederbelebung?
Wie soll
es geschehen
ohne das Schwert,
das ich dir
schon hinterherwarf,
weil seine Klinge
nicht scharf genug war,
dich und mich zu töten.

Und du kommst als Fremder,
den der Hund anbellt,
weil er sich nicht erinnert.
Und mein Herz
liegt noch immer in Scherben,
weil ich den Balsam
für wichtiger hielt
als den Kitt.

Ich lösche das Licht,
überlasse es
dem Dunkel,
dich
erneut
sichtbar
zu machen
für mich.
Und hoffe
auf den
Sonnenaufgang.

Verlassen

Bin ganz still,
ich darf dich nicht wecken.
Bin graziös,
will doch nicht anecken.

Hab mich gut im Griff,
und bin allzeit bereit.
Und das mit dem Essen,
es tut mir sehr leid.

Deine Mutter
hat immer besser gekocht.
So gut wie sie,
hab ich's niemals vermocht.

Und dann uns're Kinder.
Die hab ich versaut.
Hab ihnen mit Liebe
das Leben verbaut.

Es wurde nicht eines
ein Genie.
Und du sagst, dies vergisst du
mir nie.

Du hast mich verlassen.
Ich bin jetzt allein.
Die anderen sagen,
das musste so sein.

Auch ich seh es ein.
Du bist klüger als ich.
Wir passen zusammen
doch wirklich nicht.

Höre die Schelle,
doch sie läutete nicht.
Ich öffne die Tür,
und sehe dich nicht.

Geh so verzweifelt
immer zurück.
Nehme dein Bild,
werf darauf einen Blick.

Doch irgendwann lähmt mich
nicht mehr die Stille.
Und ganz langsam kehrt zurück
auch mein Wille.

Zerreisse das Foto,
zerreisse das Kleid,
das du mir geschenkt hast,
es tut mir nicht leid.

Ich heule und fluche an einem Stück.
Und all das bringt mir das Leben zurück.
So lang ist das her. Es tut nicht mehr weh.
Ich denk nur an uns, wenn die Kinder ich seh.

So ist das

Und nur weil du gern bei mir
bist
und dich kein Winterwind
verweht
gefällt mir dieser Sommer.

Wenn deine Lippen mich
berühr'n
die Wimpern streicheln mein
Gesicht
stört mich kein saurer Regen.

Und erst wenn du verlassen
hast
den duftvermischten
Liebesraum
denk ich an Winterreifen.

Nicht mehr und doch

Und diese Angst,
die mich aus allen Wolken
fallen ließ,
erschütterte mein Herz,
und meine Seele, so verzweifelt
will sie nur noch Trauer spüren.
Nie sind wir uns näher
gewesen,
als in den Momenten
voller Sterne.
Ist auch dein Licht hier unten
erloschen,
am Himmel hab ich einen Stern
entdeckt,
er scheint mir schöner als
alle anderen.
Ich hab sein Licht eingefangen,
jetzt bist du Tag und Nacht in
mir.

Bist du schon
weiter entfernt als nur fort?

Die Sternenallee ist mit
Hoffnung gepflastert.

Der kleine Wagen steht schon bereit.
Steig ein, ich sehne mich so.

Morgen pflanze ich
Himmelsschlüssel in den Garten.

Komm
mit
mir
in
den Wald.

Ich möchte
das
dunklere Grün
sehen,
und
den Mond,
wenn
er
die Abendschatten
über
die
moosbepelzten Bäume
wachsen lässt.

Und
dich
möchte
ich
sehen,

wenn
das
fahle Licht
nur
deine
Schemen

übrig
gelassen
hat.

Meine
Hände
sehen
dich
ganz.

Und nun?

Und vor mir liegt der Kreidestrich
mit bröckelnden Konturen.
Und hinter mir verwelktes Glück
mit falsch gestellten Uhren.

Ich schlag die Tür so fest es geht,
und werf den Schlüssel fort.
Erinnerungen sind gesperrt.
Kein Zutritt mehr zum Ort.

Ich reise in ein fernes Land
mit wunderschönen Stränden.
Mein Herz hängt jetzt ganz himmelhoch
an Sommersonnenwenden.

Ich lass mich aus den Wolken fallen
und sehe Lichtsignale.
Und Saltos schlag ich immerzu
ohne das Wort mortale.

Ich tanze auf dem Kreidestrich
zertrete die Konturen.
Ich taste neu mich an mein Glück,
benutze Sonnenuhren.

Ich wage alles ganz von vorn.
Und diesmal wird es glücken.
Mit lauter Liebesperlen nun
werd ich die Welt bestücken.

Ich lass mich träumen diesen Traum,
kein Wecker stört den Lauf.
Und wenn ich dann genug geträumt,
sammle ich Scherben auf.

Du

Soviel Verlangen nach dir,
drohe daran zu ersticken.
Überwinde die Starre in mir,
versuche sie sanft zu verrücken.

Trau dich, betritt meine Nähe.
Möchte sie teilen mit dir.
Zerr nicht, ich folge freiwillig,
Lass mich verändern von dir.

Werde dich nicht hinterfragen,
Einwände weis ich zurück.
Folge nur meinen Gefühlen.
Leb mich nach außen für dich.

Mit dir

Komm, spring mit mir in die Wolkenlücke.
Wir tauchen ein in die Weiten des Nichts.
Lass uns in der Unendlichkeit baden,
uns darin verlieren und neu werden.
Und dann sehen wir die Morgenröte,
die das blaue Nichts mit Liebe bemalt.

Damals hat da ein Baum gestanden
die Jahre haben seinen Stamm reifen lassen
und jede der Jahreszeiten
hat ihn auf ihre Weise gekerbt

Heute steht da ein Windrad
die Jahre werden es irgendwann
unansehnlich aussehen lassen
die Zeiten werden immer stürmischer

Und wenn ich grüble in so mancher Nacht,
und mir vom Himmel tausend Sterne stürzen,
dann hoff ich auf Gedanken, die mich trösten.

Und wenn ich lese in den Büchern
meiner Nacht,
dann möchte ich das Lesezeichen setzen,
dort, wo die Worte eine Hoffnung
mir vermitteln.

Und wenn dann eine Nacht der längst
gekannten widerspricht,
dann werde ich mit offnen Augen träumen,
weil ich den Himmel tief
in meiner Seele sehen will.

Mitten im Meer sitzen
und traurig sein
und doch für einen
kurzen Moment
leuchtende Augen
haben

es ist hier so schön

das Meer und die Wellen
und die Sonne
die
das Wasser
nur loslassen kann
um
darin zu versinken

und sich
selber
schüttelt man
um zu sehen
ob man
noch da ist
ob es
vielleicht

wie man sich auch schüttelt,
es
ist
alles
noch
da

Mondallüren

Sterne scheinen auch für mich,
sagte der Mond und knipste am Licht.
Und weil er verärgert war,
zeigte er allen sein dunkles Gesicht.
Das hörte auch der kleine Peter,
und rief zum Mond:
Ich komm mal später!
Der Mond war darob sehr verwundert,
und knipst sein Licht nun wieder an.
Da freute sich dann auch ein andrer.
Es war der kleine Häwelmann.
Und so ist alles wieder fein,
und ganz vergnügt kann Sonntag sein.

Dein Gesicht
spricht
keine Bände
wenn du
mich ansiehst
so ruhig
in
deinen Augen
liegt
die Geschichte
einbändig
unbändig
gefühlvoll
erzählen
sie
uns

Es ist soweit

Es war der perfekte Ort für Geständnisse.
Das Meer rauschte glücklicher als sonst.
Die Möwen benahmen sich anders,
und der Himmel hatte sich seine Farben
besonders sorgfältig gewählt.
Jetzt kam es darauf an.
Sie hatte sich schön gemacht. Natürlich für ihn,
oder doch eher für sich. Sie wusste es nicht so
genau. Doch wenn er sie fragte, für wen, war die
Antwort doch klar.

Und in den Dünen diese Unsreliebesstelle,
mit immer weichem Sand umrahmt von
Dünenrosen.
Und in der Ferne dieses eigentümlich Helle,
die Gischt sah aus, als wollte sie das Meer
liebkosen.

Sie liebten sich und malten sich ihr Leben aus.
Sie nutzte Sommerfarben und sie mischte sie
pastellig.
Doch später ging ihr das Titanweiß aus.
Das Leben wurde weniger gefällig.

Es war die Zeit noch gar nicht reif genug.
Sie mussten ihr Geständnis noch verschieben.
Bis dahin übten sie noch Selbstbetrug.
Sie schworen sich, sich niemals zu belügen.

Das Foto

Gestern war ich in dem Park,
da roch die Erde nach Verlassenheit.
In einer Ecke standen Tulpen.
Und gleich daneben dieses Kreuz.
Es sollte wohl dazugehören,
das Holz verwittert und die Schrift
war kaum zu lesen.

Und dann bist du mir wieder eingefallen.

Nur von Fotos kenn ich dein Gesicht.
In schwarzweiss lenkt gar nichts von dir ab,
nur die Blässe,
warst du wirklich ohne Farbe unter deinen
Augen?

Auf dem Kopf sitzt eine Kappe, die man
Schiffchen nennt.
Und deine Jacke sitzt wie maßgeschneidert.
Deine Uniform steht dir sehr gut.

Und du siehst glücklich aus.
Oder ist dein Lächeln nur ein Zeichen
für den Fotografen?

Mit siebzehn bist du in den Krieg gezogen,
um deine Jugend hat man dich betrogen.
Kanonenfutter hat man euch genannt,
wärst du vor Angst nicht lieber weggerannt?

Du warst der Bruder meiner Mutter.
Und meine Oma hat von dir erzählt.
Ich hab dein Foto auf dem Schrank gesehen.
Hab nachgefragt, und konnte nicht verstehen.

Wo ist er denn, hab ich als Kind gefragt.
Dann haben sie gesprochen von "vermissen".
Er kommt bestimmt zurück, hat Oma dann gesagt.
Und ihre Hoffnung hat ihr Herz zerrissen.

Man hatte ihr die Nachricht überbracht.
Im Brief stand nur, du seist gefallen.
Als Kind hab ich mir nichts dabei gedacht,
Ich selber war so oft schon hingefallen ...

Es gibt noch heute einen Stein,
auf dem dein Name steht.
Und einen Stein für deine Eltern,
sie haben dich nicht lange überlebt.

Wo ist

das Stichwort
das mir den Abschied hinausschiebt
vielleicht
liegt es
im Schrank
zwischen den Modeschüben
ein durchsichtiges Dessous
so
undurchsichtig

An die Illusion

Komm dreh dich um du
Wunderschöne
ich streif dir vom Leib
was dich verkleidet
ich möchte dich sehen
und möchte dich riechen
und möcht mich in deine
Tiefen verkriechen

Komm dreh dich um
du Traumgestalt
ich glaubte dich gestern schon
in meinen Händen
zerkratzte die Bilder
an meinen Wänden
ich wollte die ewige Nähe
zu DIR

Komm doch du Holde
und werd meine Braut
ich höre dich atmen
in mir wird es laut
komm näher zu mir
lass mich dich verschlingen
ich werd dich mit Gold und Silber
beRingen

Sei mir meine Liebste
ich tauch immer wieder
in deine unendliche Schönheit hinein
spürst du nicht mein Sehnen
du bringst mich zum Stöhnen
ich glaube DIR alles
und nicht nur zum Schein.

Warum
war diese Nacht
nicht sternenklar
dachte sie
nachher
als der Morgen
alle Eindrücke entschärfte
na ja
sagte sie sich
sicher wäre es
besser gelaufen
aber
dann
eben
nicht

Wie
wenn man weg will
und die Schuhe
sind festgeklebt
auf dem Boden
und man überlistet sie
steigt aus ihnen aus
lässt sie einfach
stehen
auch ohne Schuhe
kann
man
laufen

Wie
wenn man wiederkommt
die Tür aufschließt
und sieht die Schuhe
auf dem Boden
man steigt hinein
und findet sich
zurecht
in
soviel
Ausgelatschtem
fühlt
sich
der Druck
anders
an

Wenn
meine Seele
mich wirklich
verstünde,
wär's für sie
ein Leichtes
mich glücklich
zu machen.
Ich denke dabei
an gewisse Sachen.
Ja,
kennt sie mich
denn nicht?

Soviel Lautes hat in der Luft gelegen,
ich hab mir den Kopfhörer
aufgesetzt und Höhen und Tiefen
neu geregelt,
und dann sind wir zwei
in die Welt gesegelt,
und haben das Glück gesucht.

Und irgendwann ist es so still geworden,
ich hab mir den Schallschutz vom Kopf
genommen,
und soviel Lautes hab ich dann gehört,
ich war ganz erstaunt,
dass es mich nicht stört,
und dann stand ich mitten im Leben.

Fast
hätte ich die Welt
mit anderen Augen
gesehen
doch beim Versuch
die seienden
durch
die anderen
zu ersetzen
bin
ich
gescheitert.

Ich träumte heut Nacht
einen Traum ohne Sinn,
und als ich erwachte
da lief ich schnell hin.
Der Traum wollte mich
aber gar nicht mehr sehn,
und das wiederum konnt ich
gar nicht verstehn.
Ich rief ihm laut zu,
komm ich geb dir nen Sinn.
Der Traum stellt sich stur
und ich fiel fast hin.

Er
hörte
ein Trippeln,
vorbei gehende
Stöckelschuhe,
und irgendwer
hat gepfiffen,
unhörbar
für ihn,
das Klackern der Absätze
war lauter,
als die
Bewunderung.
Wie
langsam
doch
ihr
Trippeln
verschwand.

Lago Maggiore

Wie hast du da gelegen,
schon fast überirdisch
kam es mir vor,
und die Erinnerung
kann nicht anders als Streiche spielen,
lässt sich nicht so einfach
nacherinnern,
das geht doch nur,
wenn die Sonne den selben Stand einnimmt,
wie damals
Lago Maggiore.

Hab heute nur Augen
für dich gehabt
dein leuchtendes Grün
hat die Blicke gefangen
am Abend dann
bist du mir wieder entgangen
da hat mir das Schwarze
Avancen gemacht

Mein Gedicht

Etwas hat mich
nicht ruhen lassen
hat angefangen sich festzufressen
und zwischendurch hat es mich ausgelacht
gerufen hat es
wenn ich ganz still war
ich wollt es entfernen und
hinter mich legen
doch als ich es fast in den Händen hielt
da ist es in meine Seele geflogen
und hat begonnen in mir zu brennen
hat dabei ein großes Feuer entfacht
ich hab die Flammen wachsen sehen
und habe in ihnen ein Bad genommen
da sind mir so viele Gedanken gekommen
die habe ich allesamt aufgeschrieben
und wieder hat es mich nicht ruhen lassen
bis ich es dir zeigte
und du warst mir gut

Mit einem Schlag
das Gefühl
in ein
undefinierbares
Etwas
verwandelt,
wie ein Sommelier
nippt er daran
und sucht
nach dem
Vorher.

Meine Laube

Hab mir insgeheim eine Laube gebaut
da schauen mir weiße Blüten hinein
dort werd ich trinken den süßen Wein
der macht mir den Mund so laut

Hab mir die Blüten abgezupft
und eine Krone aus ihnen gebunden
und hab sie dem Wetterhahn aufgesetzt
nun sieht er so königlich aus

Wollt still mich dann in die Laube setzen
da ist mir ein Vögelein mitgeflogen
ich hab es mir auf den Arm gelockt
und dann wurd uns beiden der Mund so laut

Und wenn ich grüble in so mancher Nacht,
und mir vom Himmel tausend Sterne stürzen,
dann hoff ich auf Gedanken, die mich trösten.

Und wenn ich lese in den Büchern meiner Nacht,
dann möchte ich das Lesezeichen setzen,
dort, wo die Worte eine Hoffnung mir vermitteln.

Und wenn dann eine Nacht der längst
gekannten widerspricht,
dann werde ich mit offnen Augen träumen,
weil ich den Himmel tief
in meiner Seele sehen will.

Das Warzenschwein

Es war einmal ein Warzenschwein,
das trug die Warzen nur zum Schein,
als man es einmal ließ allein,
fing an zu quarzen dieses Schwein.

Das sah der Bauer Eduard,
und strich sich zweifelnd seinen Bart.
Er dachte bei sich, gar nicht munter,
gleich geht das Schwein im Nebel unter.

Das Warzenschwein war sehr vergnügt,
weil Nikotin die Sinne trügt.
Es qualmte alle Ställe voll,
und fand das Ganze ziemlich toll.

Es sprach zu sich, das bau ich aus.
Es liegt doch Gras hinter dem Haus.
Ich werde jetzt mal tüchtig kiffen,
dann bin ich noch viel mehr ergriffen.

Gesagt, getan, der Qualm stieg auf,
das Schwein fing an zu grunzen,
das mache ich jetzt jeden Tag,
da wird das Quarzen funzen.

Ein Augenblick

In dem Moment
blieb alles stehen
hat aufgehört zu weinen
ich hab das Atmen eingestellt
es hätte nur gestört
in dem Moment
da war mir so
war mit mir selbst im Reinen
und dann hab ich tief Luft geholt
es
muss
doch
weitergehn

Frühling

Der Winter hat
sich sein weißes Kleid
ausgezogen
und den Stein wieder
lesbar gemacht
da ist der Frühling gekommen
und hat ihm den Namen
wieder genommen
ganz grün
schaut er aus

Der kleine Stern

Steht ein kleiner Stern am Himmel,
hat mich heute angelacht,
und ich hab genau gesehen,
dass er das mit allen macht,

Neben ihm ein großer Stern,
sieht so richtig würdig aus.
Auf der Erde neben mir,
kommt der Fritz aus seinem Haus.

Stellt sich schnurstracks neben mich,
sieht mit mir den Himmel an,
überwältigt von den Sternen,
fassen wir uns beide an.

Und als wir genug gestarrt,
hat der kleine Stern gelacht,
doch der große hat geblinkt:
dass Ihr mir keine Dummheit macht.

Wir wollten uns auch daran halten,
und haben es kurz diskutiert,
danach sind wir ins Haus gegangen,
zu Fritz, er ist sehr schön möbliert.

Übertragung fehlgeschlagen

Warum denn nur
hab ich die Melodie
verschlafen
und
dieses Lied
singt nicht im Ohr

ist denn wohl
niemand mehr
im alten Hafen
wo man erst
nachher lacht
und nicht zuvor

die Schleusenkammer
hebt und senkt
die Schiffe
als wäre
Ausgleich
allzeit möglich

ich hab
das Nebelhorn
wohl überhört
die Nebel können
gar nicht
singen

vielleicht
wenn
alle Schleier
unten sind
ob neue Weisen
dann erklingen?

Im Mund
der Geschmack süßer Kirschen
die Blicke
schweifen ab
auf dem Boden
etwas Nebensächliches
eine Telefonnummer auf einem Zettel
daneben ein Feuerzeug
beim Aufheben
beschloss sie
den Zettel nicht zu verbrennen
sie würde ihn zerreißen
irgendwann
später
aber
auf jeden Fall

Unruhiges Meer
mein Herz schwächelt
aus dem Takt
geratene
Tiden
und kein Mond
sie zu richten

TraumVorstellung

Sei der Retter meiner Nacht,
stille mir die Mondgelüste,
lass mich treiben unbedacht,
ich erwach an einer Küste.

Lass vor Glück mich trunken werden,
heb mich dann hinauf zu dir,
und wir werden uns erkennen,
heute Nacht gehörst du mir.

Schling um mich Lianenseile,
und ich winde mich heraus,
nie gekannte Glücksgefühle
öffnen Fenster mir im Haus.

Komm lass uns gemeinsam fallen,
sammeln stürzend Sterne ein
streifen alles ab was war,
fangen nachts den Sonnenschein.

Ich hätte doch wissen müssen
dass es nicht von Dauer ist
wie die Gefriertruhe
deren Eisfach nicht genug Kälte produziert
natürlich verwässert dies Eis den Whisky

die Kontrolle hatte sich überschnitten
es tauchten soviel Unbotmäßigkeiten auf
das Kühlmittel war verdunstet
und du wolltest in Eiswürfeln baden
aus Sekt sollten sie sein

nein es sind keine Märchen
die wären doch viel zu wahr
Lügen sind nicht vergleichbar
sie sind doch infam
ausgebrütete Spezialitäten

so durchschaubar von dem Speziellen
kein Wunder er ist doch der Brüter
doch ich brüte auch
nur die Eiablage war anders
Nein sie war mir nicht untergeschoben ...

Was soll werden
aus einer Zeit
deren Dauer man nicht kennt
die Zukunft scheint
hineingepresst
in ein Korsett
des unbekannten
Elends
vielleicht
ist es die Zeit
die ich nie erleben wollte
weil sie so schonungslos ist
und alles offenlegt
in uns
doch vor allem
in mir

Man muss den Atem anhalten
damit der Kloß
an Ort und Stelle bleibt
den Hals hat er schon verlassen
sitzt zwischen den Schulterblättern
und dehnt sich dumpf in alle Richtungen
ich schiebe mich nach vorn
denn das Schicksal
will
den Rücken
verbiegen
ich sitze still und beobachte mich
tief Luft holen
hat man mir früher gesagt
dann ist dir wieder besser
aber hier ist keine Luft
nur verbrauchte Moleküle
die mich vergiften wollen
am besten
ich lasse
das Atmen
ganz

Himmel voller Wattebäuschchen
oder: Übermutsgedicht :-)

Und ich puste in dein Herz
tausend kleine Wattebällchen.
Schwebten vorher federleicht
an ganz vielen Blumenkelchen.

Selbst der Himmel nahm sich welche,
pustete sich selber an.
Machte sie zu Schäfchenwolken
stellte einen Schäfer an.

Dieser treibt die Wattewölkchen
locker, flockig immer weiter.
Bis sie allesamt vereint
bilden eine Himmelsleiter.

Das sieht auch der Zerberus,
der zum Hades will zum Styx,
ach, da ist ja eine Leiter, ruft er,
damit bin ich fix.

Steigt die Leiter hoch und sieht,
wie es immer heller wird.
Er will doch ins Dunkle rein,
muss ja was nicht richtig sein.

Und er denkt sich hoppela,
sie ist gar nicht für mich da.
Diese schöne Himmelsleiter
bringt mich überhaupt nicht weiter.

Er schaut auf dem Weg hinunter
einmal noch nach oben hin.
Sieht nun gar nichts mehr am Himmel,
ganz verwirrt ist nun sein Sinn.

Dabei fällt mir gerade ein
nachzuschaun in deinem Herzen,
ob die Bällchen noch darin -
sonst fehlt diesem Reim der Sinn.

Elfchen

Schwindelnd
der Abend
doch mit dir
war er wie immer
ernüchternd

Was ich möchte mit meinen Gedichten

Ich möchte dich erreichen, am liebsten dich
berühren,
Gedanken dir erzählen, und mit dir
phantasieren.

Mein 'ich' darin, bin oft ich nicht,
und doch schwirrt es im Kopf mir rum,
und tut, als ob ich's kennen würde.

Und dann spür ich den Drang in mir, es alles
aufzuschreiben.

Erst wenn alles still in mir,
kann ich leiser atmen.
Wenn ich Liebe in mir spür,
mag ich auch die Nacht.

Liest du ein Gedicht von mir,
sind es nur Gedanken.
Schreibe sie in Versen dir,
wirst du mich versteh'n ?

Manchmal weine ich dabei,
denn es quillt so über.
Nie ist mir es einerlei,
hänge so daran.

Was wirst du nun damit tun,
kann ich dich berühren?
Oder schüttelst du mich ab,
legst mich einfach weg.

Manchmal leide ich an mir,
dann frag ich den Wind,
ob er mir nicht helfen will,
und er nimmt mich mit.

Immerzu

durch die Atmosphäre fliegen
seh die Wolken sich berühren
alles was ich will bist du
nehm den Wind zur Seite mir
lass mich von ihm weiter treiben
alles nur nicht stehen bleiben
immer weiter immerzu

grüß von weitem meine Sonne
lass sie hinter Monden liegen
keiner kann mich hier verfolgen
werde mich in Wolken wiegen
zieh mit ihnen Schafen gleich
bis zu ihrem Hirten hin
guter Mond beschütze mich

bis ich wieder unten bin

Ein Sehnen

Ihr strahlenden Sterne,
seid Takt meines Herzens,
ich bitte dich, Mond,
mich sanft zu umfangen.

Du hüllst dich in Schleier,
du brauchst deine Aura,
wie ich euren Himmel
als mein Paradies.

All meine Gefühle,
wie Veilchen im Winter,
versteckt unter Reisig,
erwachen sie nun.

Ich hab sie gehütet,
nun dürfen sie blühen,
versprühen mir Hoffnung
in lichtesten Farben.

Geschichtete Wolken,
ihr kommt wie gerufen,
geh auf euch die Leiter
zum Himmel hinauf.

Die letzten Stufen
im Nebel verborgen,
ihr Wolken, ich bitte,
oh haltet mich fest.

Will weiter nach oben,
ich möchte es sehen,
all mein Begehren,
ich sehne mich so.

Der kleine Weg

Der kleine Weg kennt viele Spuren
und schweigt ganz staubig seit Jahrzehnten
sein Wissen liegt in Dornenhecken
die niemand bisher durchforstet hat

Wir sind den Weg so oft gegangen
haben uns an die Hand genommen
am Rand wuchsen duftende Rosen
auch ohne Spalier fanden sie Halt

Im Herbst leuchteten Hagebutten
und färbten die Liebe anders rot
reifende Wunder sehen so aus
ich weiß noch wie wir uns bestaunten

Der kleine Weg ist schmal geworden
die Heckenrosen blinzeln voll Staub
die Spuren von damals sind noch da
mein Herz hat sie grade freigelegt

Danach

Dir kommt so vieles in den Sinn,
es wirbelt dir im Kopf herum,
und alles was gewesen ist,
stellt dir nun ständig Fragen.

Du hast geglaubt, du kriegst es hin,
und alles scheint so hoffnungslos,
als wäre alles lahmgelegt,
was dir auch Freude brachte.

Der Trost ist nur ein Wort für dich,
du weißt im Innern nur zu gut,
dass du ihn nicht gebrauchen kannst,
denn du bist jetzt untröstlich.

Nimm deine Trauer, nimm sie an,
und lass sie ihre Arbeit tun.
Wenn sie genug in dir gewühlt,
wird sie dir Frieden geben.

Wie war's denn so

Was ist geblieben
von meinen Träumen,
von Wünschen,
die ich mir erfüllen wollte.
Wo ist sie hin,
die unendliche Sehnsucht,
es anders zu leben,
das einzige Leben.

Hab mich in der Nacht
auf den Weg gemacht,
und bin allen Träumen nachgegangen.
Und hab den größten dann gefragt,
ob er hilft, mir die anderen einzufangen.
Der Traum hat mich nur angelacht,
und wollte mir nicht helfen.
Da bin ich ganz schnell aufgewacht,
es wird wohl nichts mit Elfen.

Ich wünschte mir nie wirklich viel,
drum hab ich nachgesehen
in meinem kleinen Wünschebuch.
Was hab ich denn da stehen?
Ich wollte einfach glücklich sein,
stand da in großer Schrift,
und als ich drüber nachgedacht,
nahm ich mir einen Stift.

Ich hab das Glück mir durchgestrichen,
es kam zu wenig vor,
und hab es durch Humor ersetzt,
und schwarz steht noch davor.

Bin damit sehr gut ausgerüstet,
und geh die Sehnsucht suchen.
Sie ist noch immer ungestillt,
und wohnt wohl unter Buchen.
Ich zieh die Gummistiefel an,
denn ich will in den Wald.
Bekomme kalte Füße dann
und ändere ganz bald
die Richtung, die ich erst gewählt.
Will doch nicht zu den Buchen.
Geh erst mal in die Küche rein,
und back mir einen Kuchen.

Warten

Nicht nur des Frühlings Dasein
lässt dich von neuem auf ein Wunder hoffen.

Es sind die Zeilen voller Doppelpunkte,
die in den Augen flimmern.

Die Seiten, die du liest,
sind an den Rändern abgegriffen,

als hätten sie getuschte Wörter
wegradieren müssen.

Anführungszeichen fehlen,
als gäbe es darin nur Unbetontes.

Das Libretto scheint dir trotzdem
hoffnungsvoll,
Minnesänger spielen mit.

Gedanken in Kürze

Ich finde die Gegend so schön
sagen sie und erwarten von mir
keine Enttäuschung
obwohl
sie
sich
täuschen

Ich bringe dich um den Verstand
hast du gesagt
ich hab nachgesehen
bei mir
ist kein Verstand
auch deiner nicht

Mein Herz findet dich nicht
es verrichtet seine Arbeit
ohne nach rechts oder links zu schauen
und geradeaus
bist du ja nicht
du hast die Richtung geändert

Polarstern

Dabei hab ich so oft nach oben gesehen
wollte doch den kleinen Wagen
im Auge behalten

den Leuchtglobus mit den Sternbildern
hab ich angeknipst
genauer kann ich dich jetzt wissen

ich werde dein Polarstern sein
hast du immer gesagt
aber ich habe den Äquator überquert

Vor mir
das Vogelhaus
ohne Gezwitscher
wirkt es so deplatziert
ich ziehe mir
am besten
die Spieluhr auf
alle Vögel sind schon da
spielt sie
obwohl
der
Winter
noch
da
ist

Begebenheit

Man nennt es wohl eine Begebenheit,
der Urlaub vorbei, der Alltag war da.
Doch heut nicht wie sonst so verwechselbar,
es war mir ein Fremder ganz plötzlich nah.

Ich hab dich auf der Treppe gesehen.
Im Kaufhaus gab es so viel Gedränge,
die Tasche habe ich festgehalten,
stand wie verloren in der Menschenmenge.

Du hast so traurig ausgesehen,
dein Mund hat stumme Wörter geformt.
Ein Tropfen hat dir an der Nase gehangen,
und deine Kleidung war nicht genormt.

Der Griff deiner Hand zur Manteltasche,
das Tuch hast du herausgezogen,
damit die Nase abgewischt,
- und Tränen hat es aufgesogen.

Heute Ja

Der Tag ist einer von den hellen,
der Himmel lässt mich Chancen sehen,
und selbst die trüben Pfützen
sehen aus wie kleine Seen.

Vielleicht liegt es daran,
dass Wellen flacher schlagen,
sie tändeln voller Leichtigkeit
und können trotzdem Schiffe tragen.

Der Tag lässt sich gut an,
selbst in den dunklen Ecken,
übt der Staub auf Spinnennetzen
ganz ohne Aggressionen sein Verstecken.

Ich hol das Spitzenkleid heraus,
die Vögel singen in den höchsten Tönen,
und ich, ich singe ganz laut mit,
und wenn du kommst, werd ich dich sehr
verwöhnen.

Zeit verlebt

Wir ließen sie mit unsren Leibern spielen,
die Zeit, sie schmeckte nach Entdecken,
und unter Decken sich verbergen,
wenn sie die Lust uns wandelte.

Wir schätzten sie uns ab,
die Uhr als ihr Kumpan,
nie konnten wir sie überreden,
sie ließ sich nicht verstellen,
wenn der Abschied nahte.

Die Zeit tat oft so unbedenklich,
und wickelte sich ein in müde Tage
ohne Himmelsleitern,
bis sie herausbrach aus gewohnten Zäunen,
und Mauern überwindlich wurden.

Sie pendelte die Uhren auf einen neuen
Rhythmus ein,
und hektisch stand das Metronom den ganzen
Tag nicht still.
Es tickte laut sein presto und es reichte
seine Schnelligkeit
der Nacht, die sich mit lautem Herzschlag auf
unsre Körper stürzte.

Wir waren ihre Diener,
sie ließ uns Lasten tragen,
und hörte unser Klagen
viel zu spät.
Wir zählten an den Fingern ab,
und zählten nicht einmal bis drei,
und standen ganz verstört,
es wollte keiner wagen
nachzufragen.

Die Zeit setzt heute manchmal aus,
verrät mir nicht warum.
Ich spüre diesen Wechsel,
aus grade wurde krumm.

Soll ich die Uhr als einen Freund mir nehmen?
Ob ich die Zeit mir dann verstellen kann?
Dann könnte ich den Abschied weiter schieben,
wenn er gekommen ist.
Und dann, wenn er sich nicht mehr weiter
schieben lässt,
werd ich die Finger nehmen.
Ich zähle dann bis drei. Und warte auf
ein Zeichen.
Die Nacht wird langsam
den Herzschlag dämpfen,
hinübergleiten wäre schön.

Rosen

In schönen Blüten trägt der Rosenstrauch
verwunschne Träume, die in Atlasseide
den Morgenkuss erwarten.
Noch sind die Blütenblätter in den Spitzen nur
gekräuselt,
der Duft steht voll Erwartung in den
enggeschlungnen Kelchen.
Nur eine Ewigkeit von ein paar Tagen,
dann strömt ein nie kopierter Wohlgeruch
und nebelt deine Sinne,
ein Bouquet erblühter Rosen
komponiert dir
Sonatinen voller Sinnlichkeit.

Fehlende Zeit

Gib mir die Zeit zurück
in der wir Früchte pflücken wollten
die wir gar nicht kannten
die Knospen haben ihre Farben nicht verraten
die Zeit
sie schmeckte nach
Entdecken
lustwandelnd
haben wir sie uns vertrieben
unsere Namen
auf
stillstehende Uhren geschrieben
wir
haben
sie
wieder
in Gang
gesetzt
wozu nur
uns
fehlt
doch
die
Zeit

Als das Meer begann
die Quallen zu umarmen
und damit das Brennen lindern wollte
und du dich hineingeworfen hast
als wolltest du
alles in dir Gekeimte ertränken
da hat begonnen der Sturm zu wüten
als wolle er endlose Schmerzen vernichten
und du bist wieder und wieder aufgetaucht
und hast ihm Versprechen abgerungen
als hinge dein Leben von Windstößen ab.

Warum saßen sie da und starrten
mich an
es war wie immer
dieser Gedanke
war mir erfroren
in meinem Gesicht
wollte ihr Starren
Züge annehmen
und prallte vor die Wand.

Schwarz ist einfach nur Schwarz sagst du
und siehst nicht die Würmer und tausend
Tentakel
sie greifen sich selbst
und zerwühlen das Schwarze zu splittrigen
Teilen
an denen sie selber verrecken
das Gift hat gewirkt.
Es ist wieder schwarz.

Was ist denn Nichts
wenn ich drin ersaufe
weil da nichts ist
mich aufzuhalten
ich bin im Nichts
bin mitten in mir

ich ringe mit mir

ich will mir nicht abhanden kommen
die Welt pfuscht sich so ungebeten
in mich und meine Eigenarten
in Neonlicht taucht sie mich ein
und hämmert mir ihr Credo in den Kopf

wem soll ich glauben
nicht mal mir
kann ich noch trauen
ich bin doch nicht mehr
unverfälscht

lass mich in Ruhe, laute Welt,
verpasse mich sonst immer wieder
und treffen sollst du mich nicht mehr
ich will mich selber treffen

ob ich ein Megaphon mir kaufen sollte

ich könnte dann dagegen schreien
und meinen eignen Lärm verbreiten

ihr würdet mich anhören müssen

und dir - und dir - und dir
kauf ich auch ein Megaphon
ein lautes Schreien aus allen Ecken

man würde uns zuhören müssen

und dann bekäme die Welt
auch mein
auch unser
Credo
zu hören

aber ich weiß doch nicht
ob es mein wirkliches Credo wäre

dafür kenne ich mich nicht gut genug

meine Eigenarten sind mir so fremd geworden

Freude

Gerade ist es hell geworden,
der Wind kommt immer noch von Norden,
doch hält er in der blassen Hand
ein etwas wärm'res Lüftchen schon.

Ich sah ein kleines Vöglein ganz vergnügt,
ein Springinsfeld,
eins von den kleinen,schwer zu fassen,
die in den Gartenfurchen
die erste gute Laune sprießen lassen.

Es lockt die anderen heran,
gemeinsam schwirren sie,
und dann,
gerät ihr Lachen auch in mein Gesicht.

Es ist etwas ins Herz gehuscht,
stellt dort Verrücktes an.
Es hebt die eine Ecke hoch
und schiebt sich drunter dann.

Es breitet sich ganz langsam aus
und ich gerat ins Schwanken.
Was ist nur wieder mit mir los,
wo sind die Herbstgedanken?

Ach was, ruft es ganz laut in mir,
ihr könnt mich alle mal.
Und grad als ich verwundert schau,
trifft mich ein Sonnenstrahl.

Zu spät

Da stand an der Wand etwas geschrieben

ich bin die, die sich an jeder Ecke stößt
ich bin die, die ihr nicht kennt
ich bin die
ich
wollte es ausfüllen
mein ich
ist
verschwunden

mich gibt es nicht mehr

Blicke

Als du da gelegen hast
habe ich
meine Blicke beobachtet
Sie wollten immer
die Richtung wechseln
auf Anweisungen haben sie nicht reagiert
Ganz kurz haben sie sich im Haar verfangen
wo gar keins war
sind sie hängengeblieben
und dann haben sie sich
fortgejagt.

Ich - wie immer

Wie oft schon wollte ich weiter sehen,
so wie ein Seher sein,
und sah doch nur den Grashalm,
der den Sommer schon verbracht hatte,
aus einer grauen, bröckelnden Fuge wachsen.

So oft schon wollte ich weiter wissen,
so wie ein Weiser sein,
und weiß doch nur
was andere schon vor mir wussten,
es hat sich abgelegt im Kopf.

Und dann möchte ich weiter lieben,
so wie ein Liebender sein,
und lieb doch nur, wie ich es kenne,
weil ich nicht weiß, ob ich es weiß,
was richtig lieben heißt.

Seelenschmerz

Kann etwas, wenn es doch schon tief in meinem
Innern ist,
kann dieses Etwas noch viel tiefer dringen?

Ob's einen ExtraBohrer dafür gibt?
So einen ohne Anschlag, der
nicht anzuhalten ist,
und immer tiefer bohrt, obwohl es keine
Scheidewand mehr gibt,
die er durchbohren müsste.

Wenn meine Seele Löcher hat, dann fällt ihr
Inhalt langsam raus.
Ich muss die Seelenlöcher ganz schnell kleben.
Find ich das Rausgefallne wieder?

Ich frage dich, dem ich vertrau,
und der mich kennt, auf den ich bau,
warum hast du den Bohrer angesetzt?

Bin zu naiv hast du gesagt,
und ich hab mich so oft gefragt,
was das bedeutet, und wie du es meinst.

Ich hab dich damals angenommen,
und völlig unvoreingenommen,
hast du mein Herz erobern können.

Und dann, als ich mich sicher fühlte,
und ich nichts fand, das mich abkühlte,
hab ich dir viel von mir erzählt.

Ich wusste noch aus Kindertagen,
so etwas darf man sich nur wagen,
wenn einen besten Freund man hat.

Ich habe meine Sicherheit verloren,
wir beide hatten sie uns doch geschworen,
und nun komm ich mir so verstoßen vor.

Du hast Geheimes von mir preisgegeben,
hast mich verraten, kann nicht sorglos
weiterleben,
nie wieder unvoreingenommen sein.

Muss dich aus meiner Seele reißen,
du leerst mich sonst noch weiter aus,
versuch Verlorenes zu finden,
bau Undurchdringliches daraus ...

Vorbereitung auf den Frühling

Krokusse tun, als hätten sie den Frühling
übersprungen,
ihr Gelb sieht sehr nach Sommer aus.
Schneeglöckchen haben schon mit sich
gesungen,
nur du siehst nicht nach Frühling aus.

Vielleicht kannst du das Blau des Himmels
in die Seele tupfen
da wo's nicht wehtut,
eine kleine Stelle ist noch frei.
Vermisch es nicht mit Trauerfarben,
dann ist es nicht mehr blau genug,
der Himmel nimmt es dann nicht mehr zurück.

Es sitzt ein blauer Klecks in deiner Seele
wenn du hineinsiehst
leuchtet er in deine Augen
als hätte er mit seiner Kraft
die andern Farben lahm gelegt
sie sehn gedämpfter aus

Und wenn du dann den Klecks
ein wenig auseinanderziehst
und immer mehr und immer mehr
dann wird er wie ein kleiner See
er lädt dich ein zum Baden

Lass dich kopfüber
in das Blau des Himmels fallen
und hüll dich darin ein
und spüre
trotz der vielen Narben
ein wenig Frühlingssonnenschein

DICH

hätte ich gerne als Handschmeichler
ich steck dich in die Tasche
wenn mir danach ist
streichle ich dich

immer öfter
fällst du mir ein

du
ich
nehm
für
dich
den
Marmor
aus
Carrara

marmorierte
Toscana
Aufenthalte

ich
schleif
dich
mit
einem
Diamanten

Immer noch fremd

Wie du anfangs mit mir gefremdelt hast
mit Worten
die nur in deiner Syntax vorkommen
und ohne den Finger zu heben
die Angst kam so unterschwellig
und machte mich kleinlaut
lähmte das Glück
das sich anfangs
hervorwagen wollte
Problemen mit Lachen
aus dem Weg zu gehen
Ich habe ein Wörterbuch
mit Sprachsuchfunktion gesucht
doch ich fand keine passende Sprache
und den Klang deiner Stimme
konnte ich nirgends eingeben
hab ihn im Innern gespeichert
und manchmal steigt er mir hoch
wenn ich versuche
mir einzureden
dass ich alle Fremdheit abgelegt habe
weil ich
Toleranz
für so wichtig halte
Du
heute
fremdeln
wir
immer
noch

Aufstehen

Heut Nacht in einem Traum
hab ich ganz heftig mit mir selbst gerungen.
Ich schreckte hoch, war so verwirrt,
die Hände war'n um meinen Hals geschlungen.

Fast hätt' ich selber mir die Luft genommen,
gelockert hab ich schnell den Griff der Hände,
und langsam kam der Schrecken dann zur Ruh.
So leer wie immer waren meine Wände.

Hab ein Geräusch gehört, als gurgelte ein Mensch,
der sich nicht länger über Wasser halten kann.
Als hätte er sich selber fortgestoßen,
auf Grund gelaufen fast, Schiff ohne Steuermann.

Ich fass mich an, betaste mein Gesicht,
die Decke war nicht hoch genug gezogen.
Ich fühle Tränen und verwische sie mir schnell,
Der Tag fängt an, die Nacht hat nur getrogen.

Höchste Zeit

Wo willst du hin
fragte mich das Leben
und ich wusste keine Antwort

Ich überleg noch
rief ich

Und dann passierte so viel
dass ich vergaß
auf die Frage eine Antwort zu finden

Heute fiel sie mir wieder ein
die Frage nach dem Ziel

Jetzt muss ich mich endlich
damit auseinandersetzen

Was mach ich bloß
wenn mir einfällt wo ich hinwill
aber den Weg dahin nicht kenne

Aber bestimmt gibt es eine Technik dafür
ein neues Zielführungssystem

Auf mein Navi ist kein Verlass
es musste schon so viele Umwege berechnen
dass es die Lust verlor

Beim Anstellen ruft es immer nur
wählen sie ein Route

Ja
aber

wie soll ich das machen
wenn ich das Ziel
gar nicht kenne.

Kalt

In der Kälte
schmerzen
meine Narben besonders.

Doch gestern hast du mir
Wärme versprochen.
Der Urlaub ist gebucht.

Dass du soviel Geld ausgegeben hast,
nur damit ich Wärme fühlen kann.

Ich werde unsere Koffer packen.
Soll ich dein Messer mit hineinlegen?

wieder

verzerrt das bild
meines himmels

die dahinterliegende
nacht hat sich verwischt
in meinem gesicht
sind trauerspuren
schwarz
geränderte tränen
verlieren sich
im kopfkissen
saugen sich geplatzte
träume fest
die sterne haben ihre posten längst verlassen
auf den mond war kein verlass

VOLLMOND

V-öllig
O-hne
L-andesgrenzen
L-euchtet

M-eine
O-ase
N-achts
D-auerverliebt

Rückkehr der Zugvögel

Bald bestreut ihr mir wieder den Himmel,
und ich seh euch nach.
Diesmal muss ich den Kopf in die andere
Richtung drehen.
Wie findet ihr nur immer euren Weg,

Ich leih mir euren Kompass aus,
die Nadel dreht geschwind,
und immer wenn ich Wärme brauch,
dann zieh ich mit dem Wind.

Und dich und dich, nehm ich noch mit.
Wir fliegen in den Süden,
und liegen unterm Feigenbaum,
hören Chopin Etüden.

Und wenn die Zeit gekommen ist,
dann sammeln wir uns ein,
ziehen in unser Land zurück,
baden in Sonnenschein.

Wir holen uns den süßen Wein,
und liegen auf den Laken.
Chopin fällt heute für uns aus,
wir hören Frösche quaken.

Wir sehen auch dem Reiher zu,
der pirscht sich leise an,
da hört das Liebesquaken auf,
und dafür flatterts dann.

Mit vollem Schnabel hebt der Reiher
sich langsam in die Luft,
und landet hinter großen Bäumen
auf einer alten Kluft.

Wir hüllen uns in Wärme ein,
und sehen Wolken zu,
und ich pack euren Kompass ein,
vorläufig hab ich Ruh.

Dämmerung

Vorsichtige Dunkelheit
umfängt den Tag
in ihr will alles anders werden
wird alles stimmungsvoller
jetzt legen alle Bäume
ihre Kleider langsam ab
vor meinen Augen
ohne rot zu werden
verstecken können sich
die Tiere leichter
die Feinde liegen anders auf der Lauer
auch bei mir
wird manches anders traurig
als im hellen Sonnenschein
da konnte sich die Freude nicht verstecken
doch jetzt entblättert sie sich auch und
zeigt mir ihre Schattenseiten -
ob ich mich seitlich stellen muss
damit der Schatten mich nicht trifft -
es ist doch nur ein Übergang
gleich gibt die Dunkelheit die Vorsicht auf
und ich kann unvorsichtig werden
ringsum ist alles schwarz
und ohne Licht
spielt auch der Schatten keine Rolle.

Trilogie / 3 Lust

Wie schnell es ging
dass sie seinen Druck spürte
unter der Gürtellinie
offen für alles
sagte er
später
waren
sie
zugeknöpft

Zärtlichkeit braucht soviel Zeit
dachte sie und beschloss
es ihm zu sagen
der Wettlauf begann
dabei wollten sie doch
zu ihrer Lust
ganz langsam kommen

Auch ohne einander
und doch als Vorlage
ihrer Lust
tat es keinen Abbruch

Bauchbinde

Wie Abgelegtes aus vergangenen Tagen
liegst du vor mir
und schreist mir in bunten Farben
Erinnerung zu.
Soll ich dich aufheben?
Mein Poesiealbum ist prall gefüllt,
doch dich könnte ich noch dazu legen,
nachdem ich dich auf Unversehrtheit überprüft
habe ...
ach, ich nehm dich auch beschädigt ...
und schmücken
werde ich dich
mit Küssen und Vergissmeinnicht
und heißen Träumen und Sehnsucht und
Heimlichkeiten und Zigaretten sowieso aber
manchmal auch Pfeife oder Zigarre ...
Erinnerst mich an graue Himmel in Curaçao
getaucht ...

Ich möchte
dich
an mich binden
mit lockerem Band
kannst du dich
beweglicher fühlen
wenn du mir ausweichen willst
weil unsere Nächte
die Tage nicht überstehen können
manchmal
halten
wir
uns
ganz
fest

Abstand

Immer
wenn ich den Zug nehme
und mich auf die Reise mache
zu dir
sehe ich Parallelen
zunächst
ist ihr Abstand gleich -
und im Unendlichen ...
es läuft nicht alles parallel
bei uns
und geschnitten haben wir uns
so oft schon
auch ohne Unendlichkeit
was machen wir
wenn wir mal dort sind ...

Schwarm

Schon oft warst du in meinem Zimmer
und hast es nie betreten.
Hast Hirngespinste entstehen lassen,
gut, dass es dich gibt.

Geträumt von dir
und immer wieder
ist da dein Bild
das mich berührte
schon lang bevor
ich wissen konnte

Geweint um dich
so viele Male
die Tränen nur
gebraucht
um über mich
zu weinen

Und heute
dank ich dir
für dein Verständnis
obwohl
du mich
doch gar nicht kennst

Uns verbindet ein unsichtbares Band,

hast du beim Abschied gesagt.
Danach habe ich so lange gesucht,
und selbst die Brille konnte es nicht finden,
obwohl sie rosa war.
Gestern nun hast du mich besucht.
Ich erzählte dir vom verlorenen Band.
Lass es uns suchen,
hast du gerufen.
Wir haben uns beide gleichzeitig gebückt.
Unsere Köpfe sind sehr zusammengestoßen.

Am Fluss

Viel zu lange hab ich in der alten Weide
gewohnt,
da, wo das Leben traurig flüstert.
Doch heute bin ich umgezogen.
Ich wohne jetzt am Fluss.
Da rauscht mir das Leben in die Ohren.
Da ziehen Schiffe beladen mit Lasten und ich
werf ihnen meine zu.
Nehmt sie mit, ich brauche sie nicht.

Ich ziehe Wellen in meine Gedanken
und lasse sie nicht ganz verflachen.
Ich sehe - na was schon - den Möwen zu
und höre ihr albernes Lachen.

Ich krame im Rucksack nach meinen Gefühlen
und breite sie vor mir aus.
Und nachher werd ich ein Mütchen mir kühlen
und spende mir selber Applaus.

Denn heute da wird mir alles gelingen,
in's Wasser möcht ich vor Freude springen.
Am besten ich klettre auf eine der Brücken,
dafür muss ich nur ihr Geländer verrücken.

Dort hinten steht der alte Baum.
Der Wind stört ihn nicht, er bewegt sich kaum.
Wie kann er so stoisch dort immer nur stehen,
kann er außer Trauer auch Freude verstehen ?

Die Blicke lenk ich auf mich selbst zurück.
Mir fehlt heute gar nichts, noch nichtmal das
Glück.
Die steinerne Treppe ist auch noch da.
Ich geh sie hinunter und rufe laut ja.

Die Schiffe, ganz nah zieh'n sie an mir vorbei.
Und manche sind leer, von Lasten nun frei.
Ihr tiefes Graben hat aufgehört,
sie fahren sich leichter, weil nichts mehr stört.

Noch ein paar Stunden dann sind sie am Meer.
Ich schwimme am besten gleich hinterher.
Seh mich nach der alten Weide um.
Im Baum singen Vögel, die Trauer bleibt
stumm.

Hab
lange
im
Gestern
nach dir gesucht
und dich
heute
endlich gefunden
du
sitzt
mir
als weißes Federwölkchen
in der Brust
ich spüre dich kaum
so
leicht
bist
du
mir
geworden

An Papa

Ich hab dir doch immer geglaubt,

und ganz viele Vögel nisten im Baum,
und dann hast du ihn gefällt,
und alle Nesthocker sind herausgefallen,
und du hast gesagt,
das ist nicht schlimm,
sie müssen eben schneller flügge werden.
Und jetzt hab ich Angst,
dass du mich auch hinauswirfst aus dem Nest.
Ich weiß doch nicht wie das geht.
Wie werde ich flügge?

Papa, oder sitze ich gar nicht im Nest?

Open air

Komm, lass uns leben,
dudelt das Radio.
Auf oldie gestellte Gefühlsduselei.
Lass uns leben immer mehr,
denn Leben ist gar nicht so schwer.
Ja, damals Marius MW im Stadion,
Yeah, und überhaupt ...
Und komm, wir hauen einfach ab
nach Paris oder so ...
Einfach, leckt mich doch alle,
Yeah, abhauen, rumhängen, why not,
pourquoi pas ...
Nix draus geworden,
Einfach weitergelebt,
so irgendwie unspektakulär.
Aber cool, ich hab den Text noch drauf,
nach leben kommt lieben,
ist auch nicht so schwer,
doch, aber steht so im Text.
Egal, so what ...
Jepp, und dann Freiheit,
ist das einzige was zählt.
Ich kann's fast noch mitsingen,
bis auf die Freiheit selber
ist noch alles aktuell.
Ach, Mist, ich nehm mir jetzt ein Pfefferminz,

obwohl, geiler is schon,
yeah, Jonny Walker,
einfach Sexy - oder nicht -
Stell das Radio jetzt ab,
Atemlos
will ich heute nicht sein.

Die Seele ist heimatlos geworden
nicht mehr zu retten
nach so
vielen Abschieden
versagte
das Herz
so verzweifelt
pumpte
es Gift und Galle
bis es
brach

Vorfreude

Die Dunkelheit setzt sich allmählich durch
und macht die hohen Bäume zu Gestalten.
Dahinter liegt der Abschied
von den Tagesträumen.

Die Sonne spielt ihr Spiel woanders,
und hebt sich ihr Verzaubern
auf für neue Morgenröten.
Dann werden aus Gestalten wieder Bäume.

Der Mond, wie immer ganz im Plan,
sieht viertelrund wie eine Sichel aus.
Wandre nur langsam weiter, du bist mir ein so
Schöner,
und lass dich bitte heute nicht verdunkeln.

Ich sehe voller Sehnsucht auf die Sterne.
Parlieren ohne Ende von der Liebe.
Ihr werdet mir die Worte dann soufflieren,
wenn ich partout nicht weiter weiß.

Ich lass mein Fenster offen stehen.
Der Himmel dekoriert mit sich mein
Bühnenbild
und wandelt meinen Raum in eine
Liebesgondel
- wie damals in Venedig -
komm, sing heut Nacht die Barkarole nur für
mich.

Als du gestern angerufen hast,
war alles wieder da.
Schnell hab ich es ausgepackt,
es lag schon seit Jahren verschnürt in einer
Ecke.
Und dann hab ich
Ranken gepflückt und Rosen
und sie um das vergessen Geglaubte gelegt.
Es ist richtig ansehnlich geworden.
Und jetzt
webe ich uns noch ein Netz,
mit ein paar Löchern zwar,
doch das sind nur Erinnerungslücken.
Darin wickel ich uns beide ein.
Wir wollen uns doch wieder lieben
hast du gesagt.

Komm
ich trag dich über's Meer
zu der Insel
die nur uns gehört
ich steck dich
in meinen Rucksack
dann
kannst
du
mir
nicht
entfallen

Februar

Der Himmel kann es mir nicht richten,
er hat die Farben aussortiert,
und hält sich voller Einheitsgrau
an Wolken fest.

Die Vögel wissen nicht zu singen,
der Wind verwehte Notenblätter.
Die ganze Welt liegt da,
als gäbe es nur Pause.

Der Bach, der sonst zu plätschern wusste,
hat seinen Klang zurückgenommen.
Er will das Mühlrad nicht bewegen,
das Wasser friert vor Langeweile.

Wie leise alles ist,
ich höre mich viel lauter,
ich sitze ganz erstarrt
und hänge in mir fest.

Bewege mich nicht mehr.
Nur einen Augenblick
will ich ganz leer
und offen liegen,

bis ich das Ticken wieder höre.
Die Uhr setzt ihren Wecker ein.
Gedanken machen sich bereit
und suchen nach Zugvogelzeit.

Mich verworfen
wie eine
hinfällig gewordene
Skizze.
Neue Ereignisse
zeichnen
sich
frischer.
Hast du
von
Ihr
Notiz
genommen?

Zynisch
blendest du mir
die Augen
setzt dich in meine Tränenkammer
und lässt sie überquellen
sarkastisch
nennst
du
es
Ironie

Wie immer
klingt
der Refrain
doch
heute
viel
falscher.

Hoffnungslos

Dem Tod näher kommen
weil das Leben zurückgetreten ist
und sich in unzähligen Pfützen suhlt
verseuchtes Wasser fließt in abgestandenes Blut
die Adern aufgequollen vom Gift der Straße
nicht nur die Augen sprechen
geschwollen aus verstellten Mündern
ergießt sich Brei des alltäglichen Unwohlseins
in enge Kanäle und bringt sie zum Überlaufen
die Mündung steht verkehrt
alles fließt zur Quelle zurück
und das Neue erstickt an sich selbst

Heute ist es soweit.
Ich werde mich aufs Eis wagen.
Die Grasbüschel am Rand haben sich schon
festdrücken lassen.
Sie halten ganz still.
Vorsichtig hab ich gestern meinen Fuß
vor sie gestellt, und
hab versucht, das Eis zu erschüttern.
Es hat sich nichts anmerken lassen.
Doch, du ja.
Du hast mit mir geschimpft.
Das Eis ist noch viel zu dünn,
hast du gesagt, und,
ob ich wirklich so dumm sei,
wolltest du wissen.
In der Nacht hat es weiter gefroren.
Später werd ich mich trauen.
In der Mitte des Sees werd ich mich auf den
Boden legen.
Muss nachschauen, ob ich grüne Ranken
unterm Eis erkennen kann.

Mein Kind

Fall mir nicht aus dem Nest
liegst in deinem weichen Kissen
und siehst ganz gesprenkelt aus
ich hab dich mit meiner Liebe betupft
geküsst
hab ich
auch
deinen Bauch
ganz laut
haben wir gegluckert

Lass uns erst später fragen
was
morgen
ist
heute
stellen
wir
uns
nicht
in
Frage

Tja / bei so einem Wetter fällt mir nichts
Besseres ein

Die Turmuhr hält den Herzschlag an,
der Kauz duckt seinen Kopf,
zieh mir die Decke bis ans Kinn,
Bin so ein armer Tropf.

Mit großen Schritten stapft
die Mitternacht ins Zimmer.
Lenkt meinen Blick zum Wandschrank hin,
das macht sie mit mir immer.

Verbirgt sich dort im Schrank nicht der,
den ich vorhin gehört,
und hat er nicht zuvor geklopft,
und meinen Schlaf gestört?

Am Schalter tastet sich das Licht,
ich starre wie gebannt,
erkenne einen Geist dort nicht,
ist sicher fortgerannt.

Ruinen

Dir ist so unerhört zumute.
Das Spiel im Kopf gestaltet sich
so trefflich, darum siehst du nicht,
den Schatten steh'n am Wegesrand.
Da, wo Ruinen Stillstand üben,
ist nichts mehr in der Luft geblieben.
Es riecht nicht mehr wie früher,

als alter Moder kam hervor,
und drang durch bröckliges Gemäuer.
Die Ratten huschten durch die Gänge,
und überall spürte man Enge.
Die Mauern wollten nicht mehr halten.
Der Druck war viel zu hoch.
Und niemand, der sie stützte noch.

Du achtest nicht auf Zwischentöne,
dir muss erst heulen die Sirene.
Wenn sich auch die Ruinen beugen,
von alten Kriegen nicht mehr zeugen,
und übers Land zieht sich ihr Rauch,
dann lassen sich vergessen auch
die Lehren, die das Leben schrieb.

Mir ist so unerhört zumute,
das Spiel im Kopf hat aufgehört,
was hatte mich denn so verstört,
dass ich die Wirklichkeit nicht sah.
Ruinen liegen auf den Wegen.
Ich kann die Bilder nicht mehr hegen,
die vorher mir den Kopf verdrehten.

Räumt endlich die Ruinen fort,
ich möchte mich nicht mehr erinnern.
Ich möchte eine heile Welt,
ganz ohne Augenflimmern.
Lasst die Ruinen uns erhalten.
Beredter kann man nicht gestalten
die Lehren, die das Leben schrieb.

Im Tal der Tränen

Dein unbestimmter Blick erkennt
den Punkt nicht,
der so wichtig wäre sich offenzulegen.
Zum Durchblick verhilft nicht der Pass.
Dein Blick ist so verdunstet.
Gelegen in einem See der Möglichkeiten,
liegt er jetzt leer auf dem Boden.
Die feinen Nebelschwaden haben dir
die Linsen befeuchtet nur anfangs.
Dann hast du nicht mehr die Wohltat verstanden,
so abgestumpft, liegst du vertrocknet da.
Künstliche Tränen sollen Defizite ausgleichen,
für eine kurze Zeit die Augen befeuchten.
Dir das Wasser reichen können sie nicht.
Der Herrscher hat seine Untertanen verloren.
Siehst du es noch immer nicht?

La Traviata

Du warst die erste Oper!
Mit der Schulklasse im Opernhaus
und dann gleich so ein Knaller.

Obwohl italienisch,
was machte das schon.
Libretto bekannt,
nur noch ohne Ton.

Ach Verdi, wie warst du mir so begehrt,
hab deine Musik und die Sänger verehrt.

Und keiner konnte mein Fühlen verstehen,
nur Ignoranten ringsum zu sehen.
Ich geriet aus der Fassung,
doch war es mir gleich.
Ich war so begeistert,
in mir alles weich.

Violetta, Alfredo,
was müsst ihr so leiden.
Und dann der Tod,
er steht zwischen euch beiden.

Ach, ich wünsch mir der Opern noch mehr.
Ich werd wieder schluchzen,
es fällt mir nicht schwer.

Alfredo, bring MIR die Kamelie her ... :)

Reich mir die Hand

Reich mir die Hand mein Leben
Don Giovanni singt im Hintergrund,
und immer wieder hakt es an derselben Stelle.
Mein Leben, mein Leben,
bis es einer anstößt, dieses Leben.
Der Saphir findet ohne Hilfe den Weg aus der
Rille nicht.

Damals reichte ich dir auch die Hand,
und wollte dich beschenken mit mir.
Doch nicht mit meinem Leben,
oder doch?
Ich hab dich jedenfalls nicht um deines gebeten,
na klar, ich hab doch selber eins.
Wo ist es überhaupt, muss gleich mal
nachsehen.

Das Leben hakt sich bei uns ein,
wir drehen uns im Kreis,
wir haben Filzpantoffeln an,
damit sind wir ganz leis.
Wir schlurfen mit zu großen Schuh'n
und kippen aus den Latschen
und hin und wieder
spielt Musik
mit Geigen und mit Bratschen.

Und Don Giovanni bittet immer noch
Zerlina um die Hand,
und singt das Lied, das Mozart schrieb,
nun wirklich sehr galant.
Und jetzt kommt wieder diese Stelle,
an der das Leben klemmt.
Ich stell den Plattenspieler aus,
er stöhnt so vehement.

Geh ruhig weiter
ich suche
deine Nähe
nicht
fern
singt sich
das Lied der Brüderlichkeit
harmonischer
klingt es
nicht
gleich
doch
die
Freiheit
nehm
ich
mir.

Kauf dir Glück

Klick dich durch
deine Wünsche
und lad dir das Glück
in den Warenkorb
musst es
nicht für bare Münze nehmen
das
Glück
zahlt man
unbar
auf Wunsch
auch
in
Raten
zum
Glück

Wolkenspiel

Ich möchte zu den Wolken hin,
und will in ihnen baden.
Ich drücke mich in ihre Bäuche,
sie nehmen keinen Schaden.
Ich teil mir Wolkenstraßen ein,
bespicke sie mit Schildern.
Erbaue mir ein schönes Haus
aus wunderbaren Bildern.
Ich nenn es Wolkenkuckucksheim
und ziehe gerne ein.
Denn wenn ich aus dem Fenster schau,
seh ich den Sternenschein.
Und weiter hinten steht der Mond,
er lächelt heute rund.
Wenn morgens meine Sonne scheint,
macht sie mir alles bunt.
Ich stell mich vor mein Wolkenhaus
und warte auf den Wind.
Ich hör schon seine Melodie
und freu mich wie ein Kind,
wenn er mich mitnimmt auf die Reise,
dann nicken meine Wolken weise
und ziehen einfach mit.

Märchen verdreht / den Gebrüdern Grimm
gewidmet :)

Da drüben in dem Hexenhaus,
geht diese Hexe ein und aus.
Und vorne an dem Gartenzaun,
da zeigt sich voller Gottvertraun
ein wunderschönes Mägdelein.
Und ach, es ist so lieb und fein,
und trägt ein rotes Käppelein, und ruft:
Ich bin doch noch so klein,
doch möcht ich viele Sterne haben,
und alle sollen Taler sein.
Wenn sie ins Körbchen fallen rein,
verdecken sie die Flasche Wein,
und keiner sieht dann mehr das Brot.
Doch Oma ist schon lange tot,
der Wolf hat sie gefressen.
Das hört ein kleiner Junge auch,
der schlägt sich grade voll den Bauch,
mit Pfefferkuchen wunderbar.
Der klebte an dem Hexenhaus,
die Hexe schaute grimmig aus,
und rief: ich warne dich du Wicht,
du kriegst den ganzen Kuchen nicht,
umsonst ist nur der Tod bei mir.
Der Junge rief um Hilfe sehr!
Da kam das Mädchen angerannt,
und nahm den Jungen bei der Hand,
und rief: was bist du ein Mimöschen,

schau her, ich bin doch das Dornröschen.
Ich zieh uns eine Hecke hoch,
und lass sie voller Dornen wachsen.
Und wenn die böse Hexe kommt,
wird sie an unsrer Hecke platzen.
Da rief der Junge, das ist fein.
Wir stellen ihr dann gleich ein Bein,
dann fällt sie in die Hecke rein.
Gesagt, getan, die Hexe kratzte
sich an den Dornen bis sie platzte.
Da tanzten alle freudig rum.
Und nein, sie waren auch nicht dumm,
sie fingen sich 'ne fette Maus
und damit ist das Märchen aus.

Lichterketten

Wem nutzen alle Lichterketten?
Natürlich sind Geschwister wir,
und fassen uns an unsern Händen,
doch wenn wir klettern hoch an Wänden,
zählt nur, wer oben erster ist.

Was sind wir alle brüderlich,
wenn wir gemeinsam Flagge zeigen.
Doch wenn es gilt, dazu zu stehen,
wenn wir alleine Wege gehen,
dann schließen wir uns schnellstens ein.

Wir sind das Volk, das ist wohl wahr.
Und trotzdem kommt es darauf an,
alleine seinen Mann zu stehen,
und für sich selber Wege gehen,
die keine Menge gehen kann.

Erst wenn ich mit mir selber klar,
und ich mich tausendmal gefragt,
ob meine Zunge nicht belegt
mit falschen Sprüchen über reich,
und somit Rattenfängergleich.

Erst dann will ich mein Maul auftun,
und meine Worte sollen sein,
dass jeder sie verstehen kann.
Und keinen mach ich dadurch klein,
und allen reiche ich die Hand.

Parolen schmetternd trete ich nicht vor,
und heb den Arm zum Gruße nicht.
Ich möchte viele Gleichgesinnte treffen,
wenn wir am Stammtisch unser Bier genießen
Und diskutieren, ohne Blutvergießen.

Und seh ich dann in euren Köpfen,
nichts Radikales und nichts Braunes in den
Töpfen.
Dann will ich gerne eure Schwester sein.
Wir halten dann zusammen und trinken einen
Wein.
Die Lichter sind schon lange aus,
wir finden auch im Dunkeln unser Haus.

Heute so

An manchen Tagen liebe ich die Wortgewalt
und Donnerbilder in Gedichten,
die größte Katastrophen mir beschreiben.

Sie müssen mich empören und euphorisieren,
aufscheuchen mein Es-ist-noch-da-Gefühl,
das trotzig ist und wütend schreit.

An andern Tagen möcht ich ruhig sein,
mit den Gedanken balancieren,
als trüg ich Spitzenschuhe und ein Elfenkleid.

Und heute weiß ich gar nicht, was ich will.
Ich glaub, ich stell mich auf den Kopf,
und schau mal in mir nach.

Sturm

In diesen Tagen sträubt die Seele sich
zu lachen, weil sie lieber weinen will.
Das Lachen klingt so wenig still,
doch wie klingt weinen heute?

Erscheint mir alles hohl, obwohl
ich weiß es nicht zu händeln,
mit wem soll ich anbändeln,
und soll ich 's überhaupt?

In diesen Tagen kann ich nicht gut schlucken,
und lass das Schulterzucken
auch in der Nacht nicht sein.
Mein Kopf ist viel zu klein.

In diesen Tagen klingt die Meinung manchmal
so bekannt.
Es gibt sie also noch in unserm Land,
und ich weiß nicht, warum sie da noch ist.
Sind dumme Köpfe noch zu reparieren?

Was ist, wenn wir das Lachen ganz
verlernen müssen,
weil jeder Tag nur Gräueltaten bringt,
und nur noch moll gut passt,
wenn man mal singt.
Und wann sind dann die Tränen aufgebraucht?

In diesen Tagen würd ich gern ausweichen
und drüben unter Eichen den deutschen Wald
bestaunen.
Vielleicht lässt mich das wohlbekannte Raunen
geliebter Bäume glücklich werden, nur, wo sind
meine Bäume?

Kalendereintrag

Schlug heute im Kalender nach.
Sah zwischen allen Wochentagen
deinen Namen eingetragen.
Du warst mir fast entfallen.

Er sprengte, obwohl kleingeschrieben,
den Platz, den ich ihm zugestanden.
Das Flugzeug kann doch nicht mehr landen,
mein Bauch ist längst aufs neu besetzt.

Und doch war da ein kleiner Stich.
Ich weiß es nicht, warum's geschah,
doch war es da, wie sonderbar,
's war unser Lied, das ich dann pfiff.

Ich klappte den Kalender zu,
und schüttelte den Kopf dabei.
Wie geht es dir, und bist du frei?
Nur einfach mal so nachgedacht.

Du, ich hör mir unser Lied auf youTube an.
Ob' s heute noch genau so klingt?
Und ob es noch der Sänger singt?
Ich fand die Stimme doch so toll.

Ach komm, jetzt tu nicht so, du mochtest ihn
doch auch.
Sein Schmelz ließ meinen Kopf an deine
Schulter sinken.
Wir beide konnten unsern Whisky trinken,
und sahen auf dem Grund des Glases Träume
liegen.

Was soll das sein, was ich hier überlege.
Mich plagt ein wenig das Gewissen.
Na gut, ich will es gar nicht wissen.
Und youTube stürzt mir immer wieder ab.

Dein Name
Nicht in dünnes Glas geritzt
ist dein Name
in Stein gemeißelt
mächtiger
überdauert
Bücherverbrennungen
und für Papyrus
taugt
die
Luft hier
nicht.
Du liegst
nicht in der Wüste.
Würmer,
als feuchte Masse
können sie
nur
deinen Körper
anfressen.
Du
liegst
unberührt,
und zeigst dich.
Rührst uns an
mit
deinem
Namen
dahinter
die Zahl und ein Kreuz.

Mensch,
in Hieroglyphen verstümmelt
will
ich
dich
entziffern
auch
wenn
ich
deinen
Hunger
nicht
kenne.

Wenn ich mich nur lassen würde
so zu sein
wie ich gern wäre
dann
wär
alles
gut

Gehetzt

Die Treppe hat so viele Stufen.
Ich laufe sie hinab, hinauf.
Ich höre mich entsetzlich keuchen,
und kann nicht bremsen meinen Lauf.
Ich such verzweifelt Notausgänge,
und sehe viele Hinweisschilder.
Und immer wieder diese Bilder.
Und alle weiß ich nicht zu deuten.
Ich schau hinüber zu den Leuten.
Sie sehen mich nicht an,
bin ich nur Luft für sie?
Ich schaue in mir nach,
Gefühle liegen brach.
Ich heb sie auf, beseh sie kurz,
such für sie eine Ecke.
Tief unten liegen die Verstecke.
Ich schleudre sie ganz schnell hinein,
und wieder bin ich ganz allein.
Und diese Treppe liegt vor mir,
und hat so viele Stufen.
Ich lausche einen Augenblick,
hat jemand mich gerufen?
Ich höre meinen Pulsschlag laut,
und fühle dieses Brennen.
Es treibt mich an, und hetzt mich so,
und lässt mich weiter rennen.
Bin voller Aufruhr, und ich weiß nicht,
was ich machen soll.
Ich will zu euch, doch einer schreit,

das Maß ist langsam voll.
Ich habe Angst, ich ducke mich,
ich will zu euch gehören.
Und dafür mach ich mich ganz klein,
so kann ich niemand stören.
Ich rutsche weiter auf den Knien,
und zeig, dass ich es kann.
Begehre nun auch nicht mehr auf,
nehm eure Lehren an.
Hab vor mir keine Treppe mehr,
muss mich nicht mehr entscheiden.
Die Richtung stimmt auf jeden Fall,
nun muss ich nicht mehr leiden.
Ich rutsch auf Knien nicht allein,
ich sehe viele Menschen.
Zusammen schlurfen wir hinein
in Welten voller Grenzen.
Und manchmal heben wir den Kopf
um über uns hinauszuschauen.
Doch schnell zieh'n wir ihn wieder ein,
wir haben doch Vertrauen.

Du wächst bei mir

Bist ein
vom Findling
Verschonter.
Immer jung geblieben,
weil du nicht wachsen konntest.
Klebriges Harz
hat dich erstarren lassen,
und heute
bist du im Bernstein gefangen.
Unter allen Schmuckstücken
bist du mir aufgefallen.
Ich hab dich mir um den Hals gehängt.
Täglich
wächst
du
mir
mehr
in
mein
Herz.

Obwohl Januar

Die Luft gehört sich nicht für eine Luft im
Januar.
Schon etwas Frühlingsmildes zieht in
Wanderwolken,
und Vögel suchen ganz verwirrt nach
Abenteuern.
Bald werden ihre Liebe sie erneuern.

Der Torf zerbröckelt seine Risse größer,
denn Märzenbecher kennen ihre Zeit nicht
mehr,
und tasten vorsichtig den Weg sich frei nach
oben,
Maulwürfe haben Erde angehoben.

Und du weißt auch nicht, ob du Frühling spüren
sollst.
Es ist zu früh den Mantel wegzuhängen.
Er eignet sich zum Wärmen, wenn die Haut
noch zittert,
und Morgenreif mit Sonnenstrahlen flittert.

Die Luft gehört sich nicht für eine Luft im
Januar.
Der Wind strengt sich gewaltig an sie
aufzumischen.
Der Regen stimmt mit ein und höhlt die
Stimmung aus,
dann bleib ich eben drin, ist schön im Haus.

Weine

Zerstückelte Träume
liegen
abgesetzt
im Weinstein.
Am Flaschenhals
rinnen blutrote Tropfen
und verschmutzen
das Ausweispapier.
Die Wahrheit
wird trunken
und taumelt
sich schluckweise
in dein Gehirn.

Wie war bloß dein Name?
Welche Sprache
sprichst du?
Dein Etikett ist
unleserlich.
Du bist nicht mehr zu entziffern.

Mit der Pipette
zählst du Wohlfühl-Tropfen ab
und
beträufelst damit
das Zuckerstück,
obwohl du weißt,
dass so
dein Leben
gar nicht
schmeckt.
Verzähl dich
nicht,
sonst
läuft
dir die Galle über.
Der Zucker
kann
das Gift
nicht
herauskristallisieren.

Säulenheiliger

In den Tempeln voller Säulen
fällt Nacktheit auf.
Darum hast du dir die Krone aufgesetzt,
und zierst
die Kapitelle.
So deplatziert, so albern
in diesen heiligen Hallen
ist alles längst entweiht.
Den Ehrenkodex aberkannt,
die tragende Rolle dahin.
Lass den Hals plakatieren wie eine Litfaßsäule,
dann mögen dich die Hunde.

Wie Tau

Ich hänge wie Tau an dir.
Und hülle dich ein
in sanftes Nass,
das später tröpfeln kann,
wenn es abfällt auf trockenes Gras,
dem der Herbst schon zusetzt.
Dann
knirscht es
anders
und duftet
leicht vermodert.
Wie Tau
perle
ich
an
dir
ab.

Tod

Noch
unkenntlich
und doch
trägst du
meine Ahnung
vor dir her
und
ich weiß nicht
wem du gehorchst.
Wer ist dein Meister
der dir befiehlt
mich zu töten?

Heut Nacht hab ich so viel im Traum geredet
über Sachen, die ich nicht kenne.
Auch mit dir
habe ich Worte gewechselt.
In fremder Sprache
lag unsere Hoffnung
so brach.
Heute Morgen
steht die Tür noch auf.
Du hast vergessen sie zu schließen.

Leuchtturm

Der Horizont am Meer
verbreitert
sich
in
waagrechten Linien
verliert sich
die Zeit
ruhiger
nur
du
unterbrichst
diese Stille
aufrecht
klingt
dein
hier
bin
ich
lauter

Gute Wünsche

Ich wünsch dir alles, was du dir
am liebsten selber wünschen würdest.
Gesundheit, Glück zu aller Zeit,
und noch dazu Gelassenheit.

Genügend Geld im Portmonee,
und dass die Knochen tun nicht weh.
Dass alle sind sehr lieb zu dir,
und Sorgen wollen kein Quartier.

Dass du die Fröhlichkeit dir pachtest,
und dass du auch die Tiere achtest.
Ach so, und etwas ist ja klar:
Ich wünsche dir ein gutes Jahr.

Hoffnung / 3

Dann geh, wenn du nicht anders kannst,
ich zeig dir meine Tränen nicht.
Schreibst du mir wieder einen Brief,
der dich erklärt und Bände spricht?

Gib ihn der weißen Taube mit.
Sie kündet Frieden überall.
Vielleicht kann sie in unserm Fall
das Schicksal überlisten.

Ich lass das Fenster offen stehn,
und streue auf die Fensterbank
ganz viele Sonnenblumenkerne,
die mögen Tauben gerne.

Und ein paar Kerne streue ich
ins Beet vor unserm Haus,
da wachsen dann im nächsten Jahr
die Sonnenblumen raus.

Doch du, wenn du nicht gehen musst,
setz dich zu mir auf unsre Bank.
Wir füttern dann gemeinsam Tauben,
und werden unserm Frieden glauben.

Von mir zu dir

Ich möchte dich berühren können,
mich leis in deine Seele schleichen,
vielleicht seh ich, wie du mit Murmeln spielst.

Es sind noch diese alten, durchgefärbten,
mit Farben, die man heute nicht mehr mag,
aus Ton, der etwas Rund verloren hat.

Ich möchte dich berühren können,
mit Worten, die dich glücklich machen,
auch wenn du vorher manchmal weinst.

Komm, lass uns doch
zusammen Murmeln werfen,
ich buddel uns ein Loch,
wir werfen unsre Kugeln ein,
und zählen ihre Werte ab,
ich sehe einen neuen Schatz,
den ich dazugewonnen hab,
und du hast andre Kugeln auch,
sie sind aus Glas, mit Augen-Bauch.

Ich möchte dich berühren können,
weil du mich auch berührst,
am liebsten dich beim Namen nennen,
damit du Nähe spürst.

Verschleiert

die endlosen Diskussionen
in mir
nehmen den Schleier
nicht weg
sie heben ihn nur an
damit du hinunterschlüpfen kannst
hab keine Angst
ich weine
lautlos
dann
störe
ich
nicht

Ich muss es nicht erklären
es ist eindeutig
es sind drei Worte
die alles sagen
und alles meinen
aber nicht genug
weil sie nicht
wissen was sie
sagen sollen
wenn ich sie sage
und du es anders
hörst weil du
sie anders denkst
und überhaupt

ich liebe dich

Ich lass mich fallen
in deine Worte
so viele Orte
tun sich dann auf
öffnen die Seele
schicken sich weiter
bis in den Mund
dann
sprech
ich
sie
aus

Aus Kindessicht

Wenn ich beim Springen Steine zähle
und singe einen Kinderreim
und mich beim Laufen auch noch quäle
denn ich will gerne erster sein

wenn ich im Rücken Finger kreuze
und strecke dir die Zunge raus
und wenn ich mich vernehmlich schnäuze
und rülpse mir ein Lachen raus

wenn ich aus Sand mir Burgen baue
und fangen und verstecken spiele
wenn ich auf Freunde ganz vertraue
und unter ihre Kleider schiele

dann fühl ich mich so richtig wohl
und seh es wirklich gar nicht ein
warum ich das denn ändern soll.
Ich möchte nie erwachsen sein.

Morgen werd ich Sterne suchen

ohne Orientierungssinn
einfach in den Himmel laufen
angekommen runterfallen
dann am Meeresstrand versanden
hochgespült von Glitzerwellen
und von ihnen weit getragen
bis zu eben diesen Stellen
voller Glück aus Kindertagen.

Gehe jetzt schon Sterne suchen

Haikus

1
Erwidern ist so
entgegenkommend sagst du
und schießt den Pfeil ab.

2
Besser lebend von
Fliegen belagert als tot
von Maden im Speck.

3
Besser Empörung,
als unter den Tisch fallen.
Denn dort wird gekehrt.

4
Der Winter tuschelt
Wollmützen kuscheln sich schon
Darunter lacht es

Bist mir der Liebste
der Winde
Zephyr,
du Sohn
der
Morgenröte
Eos.
Wenn
du
kommst,
kann ich
den Winter
vergessen,
der Frühling
ist nah.
Bring mich
hinauf
zu den
Wolken
du
Sanfter.
Wieg
mich
in
deinem Schoß.
Hauch
mir
neues
Leben ein.

Guten Morgen

Wieder eine kurze Nacht
voller Wälzerei,
und mein Kopf hat mitgemacht,
wurde wirr dabei.

Walzer hab ich nicht getanzt,
und auch keinen Tango.
Trotzdem bin ich desolat,
nehme später Fango.

Schüttel meine Kissen auf.
Reiße auf das Fenster.
Setz mir einen Kaffee auf,
er vertreibt Gespenster.

Unsere Musik

Lass es mich sagen, ich werde nicht fragen,
spiel die Musik, die zu uns gehört.
In ihr klingt das Leben, stimmt sich die Saiten,
wird niemals fragen, ob es uns stört.

Fülle dein Herz mit harmonischen Klängen,
schick es mit tausend Segeln zu mir.
Ich streif die Töne ganz sachte vom Leinen,
ich sammel sie auf und spiele sie dir.

Was wirst du mir sagen nach diesem Konzert,
wirfst du den Taktstock vielleicht an die Wand,
ich schreibe die Töne dann noch einmal neu,
und halte dein Herz in der andern Hand.

Berge aus Wolken
täuschen den Augen
eine Gletscherlandschaft vor
und das Wasser bewegt
sich unruhig eher nicht
es wartet die Gelassenheit
an der Strandpromenade
steckt uns mit sich an
und wir halten inne
und schauen und saugen es auf
das Bild voller Schönheit
immer tiefer
sinken wir hinein
in uns und unsere Gedanken
suchen die Ruhe
vor dem Sturm
ist es immer
wie in diesem Augenblick
wenn die Harmonie
sich anbietet
uns in Ruhe zu wiegen
es ist so schön,
dass es sich einfrisst
wie süßes Gift
dringt es ein in mich
und die Betäubung
setzt Ungeahntes frei.

Du
wein doch nicht mehr
die Sonne hat
ihr Möglichstes
versprochen
hat alle
Regenspuren
weggewischt
und
wenn du
magst
versenkt sie
deine Tränen
bald
im Meer
lässt
du
es
zu?

Das Blau des Himmels
imitierte
die Farbe
seiner Augen
und so wurde sie
oft an ihn erinnert.
Sie beschloss,
den Himmel
nur noch
an Regentagen
anzusehen.

Da ist ein Wölkchen angekommen
und wollte eine Wolke werden,
da hast du dich herumgedreht
und Sonnenschein entdeckt.

Und hinterm Rücken spielte sich
der Himmel ganz besonders ab,
er wollte doch das Wölkchen nur,
und keine große Wolke.

Das hat zum Glück der Wind bemerkt
und griff behende ein.
Er pustete das Wölkchen fort,
und ließ die Sonne ein.

Wieder Single

Ich ignorier die Aschefarben,
geh erstmal süßen Rotwein kaufen.
Ich pump Musik mir in die Ohren,
lass Wasser in die Wanne laufen.

Überrasche mich mit Schokolade,
hüll mich in Lieblingsdüfte ein.
Und ess ganz viele leckre Sachen,
und lasse mal fünf gerade sein.

Ich tanze heut allein den Tango,
und wähle ganz verzwickte Schritte.
Ich lache lauthals über mich,
und falle über meine Mitte.

Und später schlaf ich glücklich ein.
Und schnarche ohne Rippenstöße.
Und wenn ich morgens wache auf,
bedeck ich nicht mehr meine Blöße.

Ersetz dir das X und stell mich in die Gleichung,
obwohl variabel, jetzt stehe ich fest.
Verschiebe die Seiten, vermische Faktoren,
doch summa summarum besteh ich den Test.

Vergiss nicht die Striche, sie gleichen die Seiten,
ganz gleich was du tust, auf jeden Fall aus.
Willst du mich ersetzen, dann mache die Probe,
und bin ich dann falsch - so wechsle mich aus!

Undatiert

Deine Strömung reicht heute nicht aus
mich fortzutragen,
zu nah lieg ich am Rand
der leichtgewordenen Schritte,
die Fußabdrücke der Barfußläufer
liegen ganz verschwommen hinter mir,
Sand, der sich wegduckt, wenn man ihn betritt.
Die Muscheln tragen ihr Perlmutt
nicht zur Augenweide,
und ich beobachte dich, mein Meer.
Du kannst mir nicht zu Willen sein,
deine Strömung erreicht mich heute nicht.
Morgen ist ein anderer Tag,
vielleicht,
dass er mich weiter trägt.

Meine Hände frieren so,
wenn ich dich berühre.
Meine Blicke werden eiskalt,
wenn sie dich abtasten.

Ich wende mich ab,
muss den Hitzemantel suchen,
den du immer getragen
bei unseren Begegnungen.

Dort am Ufer liegt er bestimmt.
Von dir ausgebreitet
an unserem Fluss
wieder und immer wieder.

Und die Liebe muss ich auch wiederfinden.
Ich hab sie verloren, hast du gesagt.
Vielleicht hat sie sich ja im Hitzemantel versteckt.
Am Ufer unseres Flusses werde ich suchen.

Der Donner
spricht in der Ferne
sein Abendgebet
und wir liegen
vom Sommer entkleidet
auf weißen Phloxsternen,
deren süßer Duft
sich mit unserem vermischt
und wohnen uns bei.

Und ehe die Blitze
unsere Körper überscharf
konturieren können
verschwimmt uns der Regen
die Leidenschaft
und die hochgestellten Härchen
in unseren Poren
wechseln die Stimmung.

Und wir halten noch kurz aus,
um uns anzusehen,
ehe wir uns voneinander lösen.
Viele Tage hält uns
der Sommer noch bereit,
ehe der Herbst sich anschickt
uns in seine Farben zu hüllen
und der Duft des Heidekrautes
sich mit dem unseren vermischt.

Ganz leise wirst du weniger,
bis dich ein letzter Lufthauch
auf damastene Kissen bettet,
und deine entgleisten Gesichtszüge
wächsern werden lässt.
Vom Himmel
geweinte Hagelkörner
heften sich an Blumenkränze
und bereiten das ewige Eis vor.
Allein die Trauer
will deinen
Abschied verhindern
und umklammert dich.
Bevor sie
dich freigibt,
setzt sie dir
als Zeichen
ihrer Ehrerbietung
die Verklärungskrone auf.

Wenn du mich suchst,
dann findest du nur mein Kleid aus
Sonnenstrahlen.
Ich hab es gerne für dich angezogen,
und immer wieder neue Diamanten eingenäht.

Du bist meine Sonne, hast du gerufen.
Doch irgendwann versuchtest du
meine Diamanten zu lösen.
Die Sonnenstrahlen zitterten unter deinen
Händen.

Lass mir meine Diamanten, hab ich gerufen.
Dann können wir uns gegenseitig schleifen.
Doch du hast nicht aufgehört mich zu berauben.
Und dann hab ich es ausgezogen, dieses Kleid.

Meine Nacktheit legt viele Wunden bloß.
Ich will sie nicht sehen,
verdecke sie einfach mit einem Lachen,
nehme mir Sonnenstrahlen für ein neues Kleid,
und nähe Diamanten ein.

Mein Kind

Heut hab ich dich so lange angesehen,
die kleinen Hände und dein feines Haar,
die großen Kulleraugen mit den Wimpern,
die Wangen vollgeschmiert, die Augen klar.

Verschmitzt hast du mich angeblinkert,
mit vollem Mund ein Lachen ausgesandt.
Du klatschtest laut in deine Hände,
und bist tollpatschig schnell davongerannt.

Und eh ich etwas sagen konnte,
kamst du laut singend wieder an.
In deinen Händen eine Puppe,
die ganz laut "Mama" sagen kann.

Du schwenktest sie, und immer, immer wieder,
hört ich die Puppe rufen dieses Wort.
Und dann hab ich dich in den Arm genommen,
In hohem Bogen flog die Puppe fort.

Du brauchtest deine Ärmchen mich zu drücken.
Und sacht und doch ganz fest, drück ich dich
auch.
Dann hab ich dieses Wort von dir vernommen.
Mama, ich hab dich lieb - und Papa auch.

Hymne an den Rhein

Jetzt wohnt der Fluss nicht mehr bei ihr.
Die Ohren sind ihr ganz verstimmt.
Suchen vertraute Geräusche,
die sie leider nicht mehr vernimmt.

Sie möchte noch einmal es hören,
das Rauschen des mächtigen Flusses.
Sie will sich noch einmal betören,
mit Tönen des höchsten Genusses.

Das Kreischen der hungrigen Möwen,
die Fähre im sicheren Lauf,
die blökenden Schafe auf Deichen,
der Schäfer und Hund passen auf.

Und dann diese ureignen Klänge,
sie lassen sich niemandem schildern,
vernehmbar für sie nur alleine,
weil sie sich in ihr nur bebildern.

Und heute erfüllt sie den Wunsch sich.
Verlässt voller Sehnsucht ihr Haus.
Erwartung lässt sie plötzlich stolpern,
das Glück fängt sie gerade noch auf.

Ich sehe den Rhein, er liegt vor mir.
Riech unvergessnen Geruch.
Ich schmecke verlorne Gefühle.
Beschreiben kann dich kein Buch.

Die Möwen, sie kennen mich auch noch.
Dein Rauschen raunt mir alles zu.
Du bist mir geblieben ein Hafen,
Bei dir finde immer ich Ruh.

Nachts

Wenn sich die Mondhälfte doppelt
und den Kratern mehr Platz einräumt,
liege ich ruhelos auf mich benetzendem Gras
und ersinne mir Traumgedanken.

Und der Bach hält sein Plätschern zurück.
Der Friedhof in der Nähe hält die Totenstille ein.
Gespenster zeigen sich nur in meiner Einbildung.
Auferstehung findet heute nicht statt.

Und ich liege unter Kastanien,
sehe die Stacheln ihrer begrünten Früchte,
rieche rostige Schlösser, die am Laubentor hängen,
und ahne Geheimnisse einer trunkenen Nacht.

Es ist Vollmond

Ein Gute-Laune-Gedicht

Ich klettre auf den Baum
und sehe Vogelnester.
Häng mich an einen Ast
und werde Kirschentester.

Die Steine spuck ich aus.
Sie fliegen ganz schön weit.
Das mach ich immer so.
Die Sonne lacht schon breit.

Mach einen Überschlag,
sack in den Boden ein.
Ich stell mich wieder hin,
mach mir die Schuhe rein.

Ich drück mich an den Baum,
und küsse seine Rinde.
Verwundert raunt der nur:
Ich bin doch keine Linde.

Die Blätter blättern sich,
der Wind kam zu Besuch.
Ich fange an zu summen,
ein zaghafter Versuch.

Es wird ein schönes Lied.
Die Sonnenstrahlen funkeln.
Die Vögel singen mit,
nur manche wollen munkeln.

Was für ein schöner Morgen,
Ich fühl mich wie ein Kind.
Verloren sind die Sorgen,
bis ich sie wiederfind.

Wenn ich uns aufgebe,
werde ich mich
an die Spitze
der Zugvögel setzen
und nach Süden ziehen.
Du wirst unseren Zug
nicht bemerken.
Dein Blick ist nie
himmelwärts gerichtet.
Ich werde stürmischen
Winden lauschen,
und ohne Einreisegenehmigungen
schönste Länder aufsuchen.
Werde an den
Stränden meiner Sehnsucht
stehen und
Gedichte in den Sand malen.
Und irgendwann
schreibe ich unseren
Aufhebungsvertrag.
Ich schicke ihn dir
per Flaschenpost.

Wann sehen wir uns wieder

Immer wenn die Sonne aufgeht,
und der Wind beginnt zu wehen,
wenn die Vögel in den Bäumen,
pfeifend vor den Nestern stehen.

Immer wenn die Züge fahren
die am Bahnhof halten hier,
ihre Räder quietschend stoppen,
bringen sie dich her zu mir.

Immer wenn die Sonne rastet,
weil der Mond erscheinen will,
trete ich aus meinem Hause,
und erwarte dich ganz still.

Immer wenn es draußen dunkel,
und die Betten sind gemacht,
möchte ich dich wiedersehen,
wenn auch nur für eine Nacht.

Immer wenn ich an dich denke,
fällt mir garnichts andres ein,
als dich zu mir her zu wünschen.
Also lass mich nicht allein.

Manchmal

Manchmal muss der Himmel brennen,
seine Bläue reicht nicht aus
alle Leidenschaft zu nennen.
Manchmal muss er brennen.

Manchmal muss der Regen peitschen,
dass ich ihn auch wirklich spüre,
ganz mit allen meinen Sinnen.
Regen, peitsche und berühre.

Manchmal muss ich lauter werden.
Alles muss aus mir heraus.
Leises innendrinnen Reden,
manchmal reicht es mir nicht aus.

Manchmal muss ich inne halten,
muss mich selber wieder sehen.
Mich im Spiegel neu betrachten,
wieder finden das Verstehen.

Manchmal muss ich mit mir weinen,
weil ich mich am besten kenne.
Und genau weiß, dass es gut tut,
wenn ich mich beim Namen nenne.

Der Dichter

Bin
wie
der Wind
der Worte
trägt,
zu
dir,
der mir
ans Herz
sich legt.
Ich suche,
ordne,
wirble sie,
geb ihnen
eine Melodie.
Ich sprudle,
keuche,
haue
raus.
Und
ruh mich
oft
auf ihnen
aus.
Kann
doppeldeutig
böse sein,
und
leise säuseln
uns hinein.

Und dich
berührn,
ganz leise
streifen.
Ich nehm
dich mir,
will dich
begreifen.
Und
mach dich
frösteln
oder
frieren.
Ich kann
dich
wärmen
und
verlieren.
Nicht
zu berechnen
und doch
da.
Wie
Atemluft
so
unsichtbar.

An den namenlosen Geiger

Und du spielst im Orchester,
und begreifst deine Geige,
und du brennst die Sehnsucht
mit Saiten mir ein.

Du schreibst keine Geschichte,
denn du bist nur ein Geiger.
Und doch wären sie alle
ohne dich seelenlos.

Deine Augen geschlossen,
und dein Mund leicht geöffnet.
Und ich spüre die zarte Gewalt
deines Bogens.

Und ich hör das Crescendo.
Und ich spüre das Timbre.
Und ich schmelze mein Herz
im Fass voller Gold.

Und da baden Fragmente
aus verlornen Gefühlen,
aber jetzt sind sie ewig,
vergoldet durch dich.

Bezwungen

Du musst mir nicht meine Sterne beleuchten,
damit ich den Weg zu dir find.
Ich lass es dem Teufel die Sprache verschlagen,
und mache die Lüfte mir lind.

Und stelle mir keine unlösbaren Fragen.
Ich werde sie nur übergehen.
Und werde mir ziehen die eigenen Grenzen.
Du wirst mich niemals verstehen.

Umklammre mich nicht mehr mit deinen Gesetzen,
denn ich werde alle sie brechen.
Ich ziehe die Dolche aus meinem Herzen,
werd Feinde damit erstechen.

Und lieg ich am Boden, so stehe ich auf,
so stark wie niemals zuvor.
Bezwinge die Stürme, werd selbst zum Orkan,
und werfe mich dann vor dein Tor.

Seh dir in die Augen.
Du hältst mir nicht stand.
Nimmst mir nicht den Atem
und nicht den Verstand.

Bin stärker als du es jemals gewesen,
Prometheus, du Schöpfer mit ärmlicher Kraft.
Ich hab dich besiegt, weil ich es so wollte,
In mir brennt das Feuer der Leidenschaft.

Urlaub am Meer

Und die Wellen spülen Muscheln an den Strand.
Und die Winde wühlen Gräben in den Sand.
Körbe ohne Ende schieben sich vor's Meer.
Sonnenschirme pendeln hin und her.

Ritterburgen werden steinern jetzt bewehrt.
Vollgelaufne Priele laufen sich verkehrt.
Sonnenbrillen spiegeln sich im Himmelsblau.
Nasse Badehosen werden langsam grau.

Viele Menschen cremen sich die Haut mit Milch.
Legen sich auf Decken, wie auch jener Knilch.
Braten in der Sonne, liegen dicht an dicht.
Jeder riecht hier anders. Brand ist auch in Sicht.

Und ich steh betrachtend, und ich wünsche mir,
einfach heimzufahren, will nur weg von hier.
Keiner kann's verstehen. Schütteln mit dem Kopf,
wenn ich pack die Sachen. So ein armer Tropf.

Reise ganz schnell ab. Komm im Winter wieder.
Mein geliebtes Meer, knie dann vor dir nieder.
Bin mit dir allein. Keine Kompromisse.
Find dich endlich wieder, schöne Meerkulisse.

Du bleibst mir

Der Wind
stellte
sein Stöhnen ein,
als die Zeiger
der Uhren
unbeweglich
wurden.
Zum
Stillstand
gebracht
durch
deine
Sterbestunde.
Und
das Licht
erlosch.

Ich rufe
dich
zurück.

In meinen
Gedanken
und Träumen
tanzt
du
im Sternenlicht
mit

dem Wind
wann immer
ich will.

Unverändert
wie
früher.

Die Zeit
will
nichts
mehr
von
dir.

Du hast mich entflammt, aber nicht verbrannt,
mich beschützt, ohne mich zu bevormunden,
mir den Atem geraubt, doch nicht erstickt.

Ich konnte mein Leben teilen mit dir,
ohne dabei zerstückelt zu werden.
Und darum liebe ich dich noch immer.

Zuletzt

Die eine Bitte hab ich noch, bevor wir es
beenden.
Lass mich in deinen Augen seh'n, ob sie mir
noch was senden.

Will tauchen tief in sie hinein. In ihrem Glanz
versinken.
In ihrem Sternenfunkelschein ganz
hemmungslos ertrinken.

In jeden Winkel will ich mich ganz leis
hineinverstecken.
Will seh'n, ob da noch etwas ist, um neu es zu
entdecken.

Und sollte da noch etwas sein, versprich, noch
hier zu bleiben.
Lass es mich fühlen wieder neu, komm, lassen
wir uns treiben.

Doch wenn ich spür, da ist nichts mehr, will ich
dich gehen lassen.
Dann weiß auch ich, es ist vorbei - ich werde
einfach passen.

Vielleicht find ich in deinen Tiefen, Verlorenes
von mir.
Das nehme ich dir wieder weg, es passt
nicht mehr zu dir.

Ich werd es ganz behutsam tun, es geht nicht
ohne Schmerzen.
Auch wenn du gehst, weiß ich es doch:
ich liebte dich von Herzen.

Praktische Romantik

Nur die Sterne und der Mond dürfen es
bezeugen,
wenn wir beide uns im Wald ganz genau
beäugen.
Deren wunderschönes Licht bügelt unsre
Falten.
Und so können wir uns dann völlig ungeniert
verhalten.

Glück

Kennst du es auch, dieses Gefühl,
wenn sich das Glück in den Bauch strömt?
Nichts anderes passt mit hinein.
Und das Herz gerät aus dem Takt,
weil sein Schlag so unruhig wird.

Sommerhimmel

Perlende Tropfen
an knospenden Blüten.
Die Luft
riecht ganz anders
als sonst.

Und die Sonne,
die eben noch
mit ihrem Licht
Verstecken spielte,
stemmt sich an den Himmel
und nimmt dort Platz,
als gäbe es nichts außer ihr.

Wolken,
die sich
neugierig vorwagen
werden einfach durchgewinkt.
So siehst du also aus,
du herrlicher Sommerhimmel.
Spiegelst dich im Wasser,
als ob du baden würdest.

Komm,
ich nehme dich auf meine Schultern,
und werfe dich in meiner Seele ab.
Dort kannst du
übernachten.
Morgen früh lass ich dich wieder frei.

Die Erde
liegt auf mir.
Der Stein
mit
meinem Namen
beschwert
mich.
Kommst du
um mich
freizuschaufeln,
oder
verdrängst
du
mich ?

Versagt

Mit geschlossenen Augen
betrachtet er sein Ich.
Sich selbst verschlüsselt,
hatte irgendwann
den Code verloren.

Ein leergeräumtes Haus,
zeigt
nur durch
staubbedeckte
Ecken
Spuren von Leben.

Er hat keine Ecken mehr,
nur noch rundgewordenes
Leben.

Hinter den Rundungen
liegen Schrotkugeln.
Lebenslang auf ihn abgefeuert,
aufgefangen
von seinen viel zu kleinen
Schutzmauern.
Blutverkrustete Narben
formten Ecken rund.
Keine Kugel ging verloren.
Alle gelagert,
wusste nicht
sie loszuwerden.

Ein Versager,
dessen
Bilanz weiß,
dass
der Zeitpunkt gekommen ist.
Einmal konsequent sein.
Nicht versagen.

Der Strom liegt unweit seines Hauses.
Sein ganzes Leben wirft sich mit ihm hinein.
Der Strudel nimmt ihn in die Mitte
und lässt ihn nicht mehr los.
Es ist vollzogen.

Die Männer mit den Spezialwerkzeugen sind
da.
Der Baum muss sein Recken nach den Wolken
aufgeben.
Der Specht muss woanders anklopfen.
Der Rabe krächzt den großen Zapfenstreich.
Die verbliebenen Bäume nehmen Haltung an.

Abschied

Müssen uns beeilen,
der Abschied naht.
Die Zeitung will noch
gekauft werden,
erspart
unangenehme Gedanken.

Der Zug kommt
um dich abzuholen.
Endlich,
erleichtert streift
ein letzter Blick
mein bittendes Gesicht.

Der Pfiff
setzt den Zug
in Bewegung
und lässt
unsere Liebe
zum Verdunsten
auf die Schienen fallen.

Kurz
vor dem
Stehenbleiben
entdeckt
mein Herz
eine Lichtung.

Sommertag

Schweißbadend wilde
Träume ausleben
Tristes verlagern
Sommer ist da

Zarte Gefühle
am Wasser liegen
Sonne anbeten
einfach nur so

Mit mir allein sein
nichts zu erklären
schmelzende Küsse
stell ich mir vor.

Einfach genießen
Uhrzeit vergessen
kühlender Schatten
bringt mich zurück.

Neulich in der Straßenbahn
sah ich dich zum erstenmal.
Cooler Typ mit dunklen Haaren
und der Teint war auch nicht fahl.

Lässig hast du da gestanden.
Alle Plätze warn belegt.
Und mein Lesen in dem Buche
hat sich dann sehr schnell gelegt.

Ich gebs zu, dass ich dich ansah
mehr als wirklich nötig war.
Doch verflixt, obwohl ich schaute,
nahmst du mich wohl garnicht wahr.

An der nächsten Haltestelle
stieg mein Nachbar endlich aus.
Und ich sah dich zu mir kommen.
Nah sahst du noch netter aus.

Ich nahm mich jetzt sehr zusammen
rückte zu dem Fenster hin.
Konnte dich doch nicht berühren,
was kam mir denn in den Sinn?

Zum Glück hatte ich mein Buch noch
aufgeschlagen auf dem Schoß.
Konnte vorgeben zu lesen,
dabei überflog ich bloß.

Als ich mich dann noch bemühte
sehr intelligent zu schau'n,
bist du auch schon aufgestanden,
musste mich zu nichts mehr traun.

Vergleiche sind nichts weiter
als mangelnde
Ausdruckskraft
dachte sie
und beschloss
ihrer Fantasie
freien Lauf zu lassen
ab jetzt
werde ich nur noch
Metaphern
benutzen
da kann ich mir
die Vergleiche sparen
rief sie
ihm zu
und suchte
in seinen Vergleichen
mit
ihr
vergeblich
das
Einmalige